LE SYSTÈME DE GUÉRISON DU RÉGIME SANS MUCUS

Découvrez autres livres de MACRO ÉDITIONS

COLLECTION	AUTEUR & TITRE
SCIENCE ET CONNAISSANCE	**MASSIMO TEODORANI**, *Synchronicité : le rapport ent physique et psyché de Pauli et Jung à Chopra*
	RICHARD BARTLETT, *Matrice énergétique : la science l'art de la transformation*
NOUVELLES PISTES THÉRAPEUTIQUES	**NORMAN WALKER**, *Les jus de fruits et de légumes frais*
	NORMAN WALKER, *La santé de l'intestin : le côlon*
	STEFANO PRAVATO, *Guérir avec la Vitamine C : malad. traitées, effets bénéfiques, modes d'administration*
	BERNARD JENSEN, *Le Régime de Détoxification. Nettoy tout le corps et vivez sans toxines*
DÉVELOPPEMENT PERSONNEL	**NAPOLEON HILL**, *Réussir : rien dans les poches, tout da. la tête*
	ERIC DE LA PARRA PAZ, *La PNL avec vos enfar (0-21 ans). Guide pratique pour la croissance et l'évolution*
SAVOIRS ANCIENS	**ZECHARIA SITCHIN**, *Rencontres avec le divin : u. explication des visions, des anges et autres émissaires*
	ZECHARIA SITCHIN, *Guerres des dieux, Guerres d hommes*
VÉRITÉS CACHÉES	**DAVID ICKE**, *Race humaine, lève-toi ! Le Lion s'est révei*
	MARCO DELLA LUNA ET PAOLO CIONI, *Neuro-Esclav*
MANDALAS	**THOMAS VARLENHOFF**, *Le Livre des Mandalas : énerg méditation et guérison*
	JOHANNES WALTER, *Mandalas - Chakras - Symbole colorier, faire preuve de créativité, méditer*

Vous pouvez vous procurer ces titres en librairie ou les commander directement à notre diffu

en France et au Benelux :
GEODIF (Diffuseur) : 61, bd Saint-Germain – 75240 Paris Cedex 05 (France)
geodif@eyrolles.com – Tél. : +33 (0)144 411 111
SODIS (Distributeur) Service Commandes :
128, avenue du Maréchal de Lattre de Tassigny – 77403 Lagny Cedex (France) – Tél. : +33 (0)1 60 07 82
au Canada :
PROLOGUE INC. : 1650, boulevard Lionel-Bertrand - Boisbriand (Québec) J7H 1N7, Canada
fpaquette@prologue.ca – Tél : (450) 434-0306 – Fax : (450) 434-2627
en Suisse :
TRANSAT Diffusion SA - distribution SERVIDIS SA : Ch. des Chalets 7 – 1279 Chavannes-de-Bogis (S
commande@servidis.ch – Tél : +41 (0)22 96 09 525 – Fax : +41 (0)22 77 66 364

Pour de plus amples informations sur notre production,
écrivez à : info@macroeditions.com ou visitez notre site www.macroeditions.com

ARNOLD EHRET

LE SYSTÈME DE GUÉRISON DU RÉGIME SANS MUCUS

La méthode scientifique pour croquer votre santé à pleines dents

MACRO EDITIONS

www.macroeditions.com

AVERTISSEMENT

Macro Éditions ne dispose ni d'informations ni de données autres que celles publiées ici. L'éditeur décline toute responsabilité quant à l'utilisation qui pourrait être faite par les lecteurs des informations scientifiques, sanitaires, psychologiques, diététiques et alimentaires présentées dans ses livres. Chacun est tenu d'évaluer avec sagesse et bon sens le parcours psychologique, thérapeutique et nutritionnel qui lui convient le mieux. Chacun est tenu de prendre en compte toutes les informations nécessaires, en comparant les risques et les bienfaits des différents traitements et régimes diététiques disponibles.

Pour de plus amples informations sur cet auteur et sur cette collection visitez notre site ***www.macroeditions.com***

Titre original : Mucusless Diet Healing System : Scientific Method of Eating Your Way to Health

coordination éditoriale Chiara Naccarato

traduction Orsola Gelpi
révision Marylène Di Stefano
couverture Tecnichemiste srl, Bertinoro - Italie
mise en page JMD srl comunicazione, Cantù (Co) - Italie
impression Tipografia Lineagrafica, Città di Castello - Italie

1re édition juillet 2013
Réimpressions : novembre 2013, juillet 2014, février 2016

Collection « Nouvelles Pistes Thérapeutiques »
« La Santé en poche »
www.macroeditions.com (France)
www.gruppomacro.com (Italie)
Via Giardino, 30
47522 Cesena - Italie

ISBN 978-88-6229-446-1

Notes

Cette édition contient l'intégralité de l'ouvrage original en 25 leçons d'Arnold Ehret destiné à ses étudiants, ainsi que des informations supplémentaires tirées des dossiers personnels du Dr Benedict Lust. Elle a été entièrement réimprimée de manière à offrir une typographie claire et lisible.

INTRODUCTION
PAR LE DOCTEUR BENEDICT LUST

Tout le monde devrait connaître ses limites en termes de besoins alimentaires. Tous ceux qui ont étudié la question de l'alimentation et ont travaillé sur cet aspect savent que l'homme, notamment chez les populations aisées, est victime de suralimentation. Même les plus pauvres ne sont pas sous-alimentés – tout au plus pâtissent-ils de la piètre qualité ou des mauvaises conditions de leur nourriture. Il n'est pas exagéré de dire que quasiment tous les individus souffrent.

Nous mangeons tous par habitude et pour le plaisir de déguster des plats savoureux. Cependant, d'un point de vue physiologique, seuls les aliments ingérés lorsque l'on ressent une impression de faim (une demande naturelle de nourriture) comptent et ce n'est que sous cette condition que ce que l'on mange, aussi simple soit-il, peut donner de la satisfaction et du plaisir. Aucun animal en liberté ne mangera à moins d'avoir faim. Il est avéré que les centenaires sont bien plus nombreux dans les pays les plus pauvres et il est également vrai que la nourriture que l'on trouve dans nos villes, nos plats prétendument raffinés, est à l'origine même de la disparition de toutes les familles à la troisième ou quatrième génération. Il est établi que toutes les grandes villes seraient rapidement dépeuplées sans l'arrivée de nouveaux habitants en bonne santé provenant de la campagne où l'on consomme une alimentation plus simple. C'est un fait : de nombreuses populations ou communautés religieuses ont un régime alimentaire sans viande – ils se nourrissent d'une poignée de riz et de quelques légumes – et leur résistance et leur force sont largement supérieures à celles de ceux qui consomment de la viande. On sait que les Bédouins effectuent de longs et éprouvants voyages à travers le désert avec pour seule nourriture quelques livres de dattes. Autre fait historique, les grands philosophes d'Égypte antique ne consommaient aucune nourriture solide durant des décennies, mais se restauraient en avalant le jus produit par la mastication de la nourriture ; leur sagesse et leurs connaissances sont aujourd'hui encore, avec l'influence des Grecs, la principale base sur laquelle s'appuie la pensée philosophique. On sait bien que les plus grands penseurs ont toujours été plus ou moins des ascètes, c'est-à-dire, des gens à l'alimentation frugale.

Le mathématicien Pythagore n'obtint le droit d'entrer à l'école de philosophie égyptienne qu'après avoir jeûné durant quarante jours, le but étant certainement moins d'éprouver sa résistance morale que de le purifier du point de vue physiologique afin de permettre à son esprit d'atteindre une plus grande sagesse. Moïse jeûna sur le mont Sinaï tandis qu'il recevait les Tables de la Loi pour son peuple et le Christ demeura quarante jours dans le désert, probablement sans même de l'eau, avant d'apparaître devant la multitude. L'Église catholique romaine nous conte la vie de nombreux saints qui ne mangèrent quasiment rien durant des décennies et vécurent vieux. Le noble italien Cornaro atteignit l'âge de cent ans en n'absorbant que 350 grammes de nourriture et une quantité équivalente de vin chaque jour. Un américain, Fletcher, démontra la vérité physiologique de cette prétendue légende en réduisant *de dix fois* sa ration quotidienne et en pratiquant la mastication intensive (le fletchérisme), parvenant ainsi à soigner de graves maladies. Socrate disait : « Moins l'homme mange, plus il est proche des dieux. » Goethe déclarait : « Nous sommes ce que nous mangeons. » La sagesse des grands hommes prouve que notre préoccupation et notre lutte sans répit pour notre pain quotidien ne sont que course après des chimères. Un médecin suisse a d'ailleurs écrit un ouvrage sur le sujet.

Le grand combat de notre existence consiste principalement à s'efforcer d'acquérir les moyens de vivre dans le luxe, qui passe avant tout par le fait de manger bien et copieusement. La vérité à propos de l'alimentation correcte est le livre des Sept Sceaux pour le grand public et les chercheurs. Beaucoup de gens, notamment les plus pauvres, ont l'impression d'être sous-nourris lorsqu'ils voient les mets luxueux des riches. La peur de la faim est un cauchemar qui oppresse l'homme moderne ; la privation d'un seul repas le rend déjà nerveux. Cette erreur funeste, cette ignorance tragique, ce leurre fatal sont créés et défendus par des doctrines médicales fallacieuses.

Ce n'est qu'en leur révélant la pure vérité que nous pourrons permettre aux gens d'adopter un régime correct. Les restrictions ne sont possibles que si l'on sait quel est la quantité ou le minimum absolument indispensable et quels sont réellement les aliments les meilleurs et les plus profitables. Les nouvelles pensées et vérités ne font leur chemin que lorsque des leaders en font la démonstration pratique. Les gens ne se tournent vers un nouvel idéal que lorsqu'ils voient un champion nager contre le courant de l'ancienne doctrine erronée.

Personne ne renonce au plaisir à moins d'y être contraint ; personne ne renoncera volontairement à certains aliments tant qu'il les considèrera comme les meilleurs, tant qu'il ignorera qu'il existe quelque chose de mieux, quelque chose de largement supérieur, quelque chose d'infiniment supérieur. La nourriture la plus pure, la meilleure et dans le même temps la plus juste pour l'homme ne peut être que celle qui lui a été dictée du point de vue biologique, par les lois de la nature et sous sa forme naturelle.

Si l'être humain était le plus abouti lors de sa création, son alimentation devait à l'époque être également la meilleure et la plus nutritive et toutes les préparations de la cuisine moderne doivent donc être considérées comme inférieures puisqu'elles représentent la régression et la dégénération de l'humanité.

Le régime frugivore, au contraire, tel qu'il est décrit dans la Genèse, représente le meilleur type d'alimentation pour l'homme. Pour cela, si l'on veut établir le régime idéal, il faut d'abord dissiper la peur de la sous-alimentation dans l'esprit des gens. Si l'on doit tous restreindre notre quantité de nourriture et supprimer partiellement ou totalement le pain, la viande, les œufs, le lait, etc., il faut que cela soit prouvé et démontré par des exemples d'individus illustrant que non seulement l'on peut vivre en mangeant des fruits, mais que cette diète édénique et naturelle de l'homme était la plus juste et parfaite et qu'elle peut donc l'être encore aujourd'hui. On doit démontrer qu'une poignée de fruit contient plus d'éléments nutritifs que tout un repas moderne, constitué d'une demi-douzaine de plats. Les végétaliens doivent prouver la valeur de la nourriture idéale et de toutes les formes d'alimentation.

Mais où sont ces personnes strictement fruitariennes ? Elles n'existent qu'en théorie dans notre monde civilisé. Ehret ne parvint à s'en tenir à ces principes qu'en vivant dans la nature loin de la civilisation. Il vécut donc ainsi durant deux ans avec un ami partageant ses convictions. Au cours de cette période, il fit des tests formidables qui sont décrits dans *Santé et guérison par le jeûne*.

On ne peut vivre d'un régime strictement fruitarien dans le monde civilisé, car les sens sont si développés qu'ils rendent la compagnie des gens soi-disant bien portants assez désagréable et déplaisante. On doit vivre son « régime sans mucus » et accorder son entière sensibilité avec ses pairs. La diète édénique ne saurait s'harmoniser avec la civilisation de Sodome et l'on ne peut « sauter le pas » vers le régime strictement fruitarien sans avoir adopté le « régime sans mucus » comme transition. Il faut s'y habituer de manière scrupuleuse et progressive et en ayant été instruit sur le sujet.

Les lois de l'Univers sont immuables et puisque les fruits étaient la nourriture édénique des créatures les plus abouties et ressemblant le plus à Dieu, ils constituent aujourd'hui encore le régime paradisiaque et supérieurement salutaire.

Leçon I

Principes introductifs généraux

T*outes les maladies*, quel que soit le nom que la science médicale leur donne, sont en fait de la

CONSTIPATION

Un encombrement de toute la tuyauterie du corps humain. Tout symptôme particulier est donc une constipation locale liée à un surplus de mucus dans cette région. Les points d'accumulation sont souvent la langue, l'estomac et, en tout premier lieu, le système digestif dans son ensemble. C'est ce dernier qui est la cause principale et la base de la constipation des intestins. La plupart des gens ont généralement près de 4,5 kg de fèces non éliminés en permanence dans les intestins, qui empoisonnent le flux sanguin et tout le système. Pensez-y !

Toute personne malade a son système plus ou moins encombré par du mucus, ce mucus provenant de substances alimentaires non naturelles, non digérées et non éliminées, accumulées depuis l'enfance. Vous pourrez trouver plus de détails à ce sujet dans mon ouvrage intitulé *Santé et guérison par le jeûne*.

Ma « théorie du mucus » et mon système de « guérison par le régime sans mucus » sont inébranlés ; ils ont démontré qu'ils étaient la « méthode de réparation » la plus efficace dans tous types de maladies. En les appliquant de manière systématique, des centaines de patients déclarés incurables pourraient être sauvés.

Le *régime sans mucus* est constitué de toutes sortes de fruits crus ou cuits, de légumes verts ou sans amidon, cuits ou crus. La *guérison par le régime sans mucus* consiste en une combinaison de jeûnes courts ou longs conçus de manière individuelle avec un changement progressif vers une alimentation *qui ne forme pas de mucus. Le régime seul peut soigner toute « maladie »* sans besoin de périodes de jeûne, même si la cure est dans ce cas plus longue. Le *système* en lui-même sera exposé au cours des prochaines leçons.

Cependant, pour apprendre comment l'appliquer, comprendre la manière dont il fonctionne, il est nécessaire de libérer votre esprit des erreurs de la médecine, qui sont partiellement reprises par la naturopathie. En d'autres termes, je dois vous enseigner une nouvelle physiologie, exempte d'erreurs médicales ; une nouvelle méthode de *diagnostic* ; une correction des erreurs fondamentales à propos du *métabolisme*, d'une alimentation riche en protéines, de la circulation sanguine, de la composition du sang, et dernier point, mais non des moindres, je dois vous enseigner

CE QU'EST RÉELLEMENT LA VITALITÉ

Le corps humain reste un mystère pour la science médicale, tout particulièrement en cas de maladie. Chaque nouvelle maladie « découverte » par les docteurs est un nouveau mystère qui se présente à eux. Il n'y a pas de mot pour dire à quel point ils sont loin de la vérité. La naturopathie utilise sans cesse le terme *vitalité*. Cependant, ni les « chercheurs médicaux » ni les naturopathes ne peuvent dire ce qu'est la *vitalité*.

Il est non seulement nécessaire d'éradiquer ces erreurs de votre esprit, mais également de vous montrer la vérité sous un jour si nouveau et si simple que vous pourrez la saisir instantanément. Le grand avantage de la simplicité et de la clarté est l'une des principales raisons de mon succès. En outre, mon enseignement est celui de la *vérité*. À ce propos, ce qu'un *simple raisonnement* ne peut décrire est une *fumisterie*, aussi *scientifique* qu'elle puisse paraître.

Vous apprendrez à quel point il est erroné et naïf de croire qu'une maladie puisse être soignée avec une alimentation adaptée, composée de « menus spéciaux » ou par de longs jeûnes, si on le fait sans expérience, sans méthode et sans conseils propres à chaque cas individuel.

Le « jeûne » est connu depuis des siècles comme une « réparation » de toute maladie conforme aux lois uniques et infaillibles de la nature, tout comme le régime *sans mucus*, déjà présenté dans la Genèse (des fruits et des herbes, c'est-à-dire des légumes verts). Mais pourquoi cela n'est-il jamais entré dans l'usage général ? Pourquoi n'a-t-il pas rencontré le succès universel mérité ? Parce qu'il n'a jamais été utilisé de manière systématique en accord avec la condition physique du patient. La plupart des gens n'ont pas la moindre idée de ce qu'est le processus d'élimination, du temps qu'il demande, de la manière et de la fréquence avec laquelle il faut changer de régime, de ce que signifie purifier le corps des effroyables quantités de déchets qu'il a accumulé au long de sa vie.

La maladie est un effort du corps visant à éliminer les déchets, le mucus et la toxémie, et mon système l'aide de la manière la plus aboutie et naturelle. Ce n'est pas la maladie, mais le corps qu'il faut soigner ; on doit le nettoyer, le libérer des déchets et corps étrangers, du mucus et de la toxémie accumulés depuis l'enfance. La santé ne s'achète pas en bouteille et le corps ne se soigne pas – ne se nettoie pas – en quelques jours : il faut effectuer une « réparation » des torts que vous lui avez faits au cours de votre vie.

Mon système n'est ni un traitement ni un remède, c'est une régénération, un grand ménage, l'acquisition d'une santé plus nette et florissante que jamais.

Souvenez-vous : les encombrements de votre système sont la source de toute maladie ; la plus grande et la plus nocive source de baisse de vitalité, de mauvaise santé, de manque de force et d'endurance et de toute déficience. Ils trouvent tous leur origine dans le côlon, qui n'a jamais été totalement vidé depuis la naissance. Il n'existe personne au monde possédant un corps idéalement, et donc parfaitement, propre. Ce que la science médicale nomme « bonne santé » est en fait une condition pathologique.

En résumé : le mécanisme humain est un système de tuyauterie élastique. L'alimentation du monde civilisé n'est jamais entièrement digérée et les déchets qui en résultent jamais totalement éliminés. La tuyauterie s'obstrue peu à peu, tout particulièrement aux endroits où apparaissent les symptômes et le long du système digestif. C'est la base de toute maladie. Afin de se débarrasser de ces déchets, il faut les éliminer intelligemment et soigneusement, et le contrôle de cette opération ne peut s'effectuer que par le

RÉGIME SANS MUCUS

Leçon II

Maladie latentes, aiguës et chroniques

LA FIN DU MYSTÈRE

Notre première leçon vous a donné un aperçu de ce qu'étaient en réalité les maladies. Outre le mucus et sa toxémie dans le système, il existe d'autres matières étrangères telles l'acide urique, les toxines, etc. et tout particulièrement les médicaments pour ceux qui en ont déjà pris. J'ai appris au fil des années et à travers des expériences pratiques que les médicaments ne sont JAMAIS éliminés comme le sont les déchets alimentaires – au contraire, ils sont stockés dans le corps durant des décennies ! J'ai pu observer des centaines de cas où des médicaments pris 10, 20, 30 ou même 40 ans auparavant étaient expulsés en même temps que le mucus grâce à ce système de guérison parfait. *Il s'agit d'un fait d'une importance capitale, notamment pour les médecins.* Après avoir été dissous, ces poisons chimiques sont remis en circulation pour être éliminés par les reins – les nerfs et le cœur en sont affectés – et provoquent une nervosité extrême, des étourdissements, un rythme cardiaque excessif ainsi que d'autres sensations étranges. Les personnes mal informées se trouvent alors face à un mystère et appellent le médecin de famille, qui diagnostique une « maladie cardiaque » et met en cause le « manque de nourriture » plutôt que les médicaments qu'il a prescrits 10 ans auparavant.

L'homme moyen « normal », que l'on juge en bonne santé, souffre d'une accumulation chronique de déchets alimentaires, de poisons et de médicaments.

VOICI SA MALADIE LATENTE

Lorsque ces matières de maladie latente se trouvent agitées, par exemple par un rhume, il évacue une grande quantité de mucus et en est mécontent au lieu d'apprécier le processus de nettoyage de la nature. Si la quantité de mucus expulsé est suffisante pour se répercuter dans tout le système, ou presque, sans pour autant être dangereuse, on peut alors diagnostiquer une grippe. Si le travail d'élimination de la nature creuse plus profondément dans le système et tout particulièrement dans cet organe capital que sont les poumons, tant de mucus et de poisons sont alors relâchés d'un coup que la circulation sanguine en devient difficile à cause de la friction, un peu comme dans une machine encrassée – ou, par exemple, comme une automobile qui roulerait avec les freins serrés. Cette friction produit une chaleur anormale, que l'on nomme « fièvre », et les médecins appellent « pneumonie » ce qui correspond en fait à un effort « fébrile » de la nature pour débarrasser les principaux ORGANES VITAUX des déchets. Si les reins sont amenés à éliminer ce mucus libéré, et en subissent donc le choc, on se trouve face à ce qu'on appelle une néphrite, et ainsi de suite.

En d'autres termes, lorsque la nature entreprend des efforts pour sauver une vie humaine en éliminant « fiévreusement » le mucus et les produits toxiques, on nomme cela :

LES MALADIES AIGUËS

La médecine possède plus de 4 000 appellations pour les différentes maladies. Le nom spécifique de chaque affection est donné en fonction de la région où l'élimination est localisée ; ou du point de congestion où le flux sanguin a du mal à circuler et entraîne une douleur – telles les douleurs aux articulations, par exemple.

Durant une éternité, ces efforts bien intentionnés d'autoguérison de la nature ont été incompris et bloqués par la prise de médicaments et la poursuite de l'alimentation en dépit des signaux de danger comme les douleurs et la perte d'appétit. Nonobstant « l'aide » des docteurs – une aide en réalité néfaste et dangereuse pour la vie des patients – leur vitalité et en particulier leurs capacités d'élimination sont amoindries, et cela freine les actions de la nature. Il s'agit d'un handicap qui limite son efficacité et la ralentit, ce qui fait que l'on qualifie certaines maladies de « chroniques ». Ce terme provient du mot grec « chronos », signifiant temps. Vous en apprendrez plus sur ce mystère dans la Leçon VII.

LEÇON III

Le diagnostic

POURQUOI DIAGNOSTIQUER ?

Les profanes et même certains experts diététiques, à l'exception de moi-même, pensent qu'il n'est nul besoin de diagnostiquer. Mais, me direz-vous, pourquoi diagnostiquer s'il n'existe qu'une seule maladie ? Si toutes les pathologies sont dues aux impuretés des aliments non éliminés, non digérés, au mucus, à l'acide urique, à la toxémie, aux médicaments, etc., pourquoi diagnostiquer ? Il nous faut maintenant découvrir pourquoi les régimes fruitariens et les diètes ont produit des résultats si contestables, à cause de leur utilisation incorrecte et d'incompréhensions, engendrées par la croyance que les règles générales de ce traitement s'appliquaient à tous et à tous les cas. Rien n'est plus loin de la vérité ! Il n'est pas d'autre traitement nécessitant autant d'adaptation individuelle et de modifications continuelles en fonction des réactions du patient. Voilà pourquoi les personnes essayant ces méthodes de soin sans les conseils d'un expert subissent souvent de lourdes conséquences.

LE JEÛNE INCONSIDÉRÉ

McFadden – et bien d'autres – conseille, par exemple, un jeûne pour tous les cas. J'ai fait l'expérience de centaines de cas qui m'ont appris que rien ne nécessitait plus de soin individuel, d'applications différenciées, que le jeûne et le régime sans mucus. Sur deux patients, l'un pourra se rétablir complètement après un jeûne d'une ou deux semaines tandis que l'autre *pourra mourir du même traitement* ! Voilà pourquoi un diagnostic personnalisé des conditions générales et des symptômes d'encombrements est tellement nécessaire.

MÉTHODE DE DIAGNOSTIC GÉNÉRAL

Mon diagnostic prend en compte les points suivants :

1. Le taux/niveau relatif d'encombrement dans le système ;
2. Son aspect prédominant, c'est-à-dire s'il est plutôt constitué de mucus ou de poisons ;
3. Si du pus est présent dans le système, et la quantité et le genre de médicaments utilisés ;

4. Si les tissus internes ou un organe sont en train de se décomposer ;
5. Les proportions de la perte de vitalité.

Vous apprendrez également par l'expérience et l'observation que l'apparence générale, et tout particulièrement le visage du patient, reflète plus ou moins sa condition interne (*cf.* « Le miroir magique », p. 18).

LE DIAGNOSTIC MÉDICAL

Le diagnostic médical ne nous éclaire pas réellement sur le sujet, même si les médecins le considèrent comme plus important que le traitement lui-même. Il est établi à partir d'une série de symptômes rapportés et d'un schéma d'expériences à partir desquels des centaines de maladies sont nommées. Cette affirmation que l'on entend fréquemment de la bouche de nombreux patients est une preuve caractéristique que le diagnostic médical est dénué de sens : « Les médecins n'ont pu déterminer ce que j'avais. » LE NOM DE LA MALADIE NE NOUS INTÉRESSE EN RIEN. Un homme souffrant de goutte, l'autre d'indigestion, le troisième du mal de Bright, recevront peut-être tous au départ le même avis. S'il faut, par exemple, jeûner ou non et pour combien de temps, ne dépend pas du nom de la maladie, mais de l'état du patient et de la gravité de sa perte de vitalité.

CONCEPTS DE LA NATUROPATHIE

La naturopathie représente une avancée par rapport à la médecine puisqu'elle enseigne que chaque maladie provient de la constitution. Elle n'explique cependant pas suffisamment que la source, la nature et la composition de « corps étrangers » sont le noyau fondamental de toute maladie.

Le docteur Lehmann a déclaré : « Toute maladie est provoquée par l'acide et le gaz carbonique. » Mais il ignorait que leur source se trouvait dans les substances alimentaires décomposées non éliminées – du mucus en état de fermentation continue.

Le docteur Jaeger a dit : « La maladie est une puanteur. » La nature nous donne son diagnostic à travers une mauvaise odeur qui indique l'état d'avancement de la décomposition interne.

En Angleterre, le docteur Haigh, créateur du régime « anti-acide urique », a basé sa conception du diagnostic général sur l'hypothèse que la majorité des maladies sont provoquées par l'acide urique, qui constitue certainement une part importante des matières altérées qui se cachent derrière le mucus.

DIAGNOSTIC DE L'ACIDE URIQUE

Les médecins et beaucoup d'autres considèrent cette forme particulière de diagnostic comme la plus importante, mais elle est largement mal comprise. Avec le système digestif, le canal urinaire est la principale voie d'élimination. *Dès lors que quelqu'un mange moins, jeûne un peu ou adopte un régime naturel, des déchets, du mucus, des poisons, de l'acide urique, des phosphates, etc., apparaissent dans ses urines* et ses analyses donnent alors des résultats alarmants. La même chose se produit dans la majorité des cas lorsqu'une personne tombe malade. Tout le monde s'alarme de cet effort du corps pour éliminer les déchets – qui est en réalité un processus de guérison et de purification.

Si l'on découvre du sucre ou de l'albumine dans les urines, alors on dit qu'il s'agit d'un cas « très grave » ou l'on diagnostique respectivement du « diabète » ou le « mal de Bright ». Dans le premier cas, le patient sous traitement meurt d'un manque de sucres, provoqué par leur absence ou celle d'éléments les formant. Dans le second, il meurt du « remplacement forcé » de l'albumine, résultant d'une suralimentation en aliments qui en sont riches.

TOUT CE QU'ÉVACUE LE CORPS EST PÉRIMÉ, POURRI, MORT – et indique simplement que le patient est à un stade avancé d'impureté intérieure, qui provoque déjà la décomposition des organes internes – entraînant un pourrissement rapide de toute la nourriture ingérée. Ces cas – comme la tuberculose – doivent être traités *très prudemment* et *TRÈS LENTEMENT.*

À QUOI RESSEMBLE UN CÔLON HUMAIN

Il est d'une importance capitale qu'à travers notre diagnostic nous apprenions autant que possible l'apparence générale de l'intérieur du corps humain. Il nous faut donc pour cela établir la quantité de déchets que renferme chaque patient.

Les experts en autopsie ont découvert que 60 à 70 % des côlons qu'ils ont examinés renfermaient des corps étrangers tels des vers ou des fécalomes vieux de décennies. Les parois internes des intestins sont encrassées par de vieilles fèces durcies et ressemblent à l'intérieur d'un tuyau de poêle sale.

J'avais des patients en surpoids qui éliminaient de leur corps près de vingt-cinq kilos de déchets, dont cinq kilos provenant à eux seuls du côlon – constitués en grande partie de matières étrangères et tout particulièrement de vieilles fèces durcies. De nos jours, l'homme moyen que l'on dit en « bonne santé » transporte continuellement avec lui, depuis son enfance, plusieurs kilos de fèces qu'il n'a jamais éliminées.

« Aller à la selle » une fois par jour ne signifie rien. Un homme en surpoids et malade est une « fosse d'aisance » ambulante. Je fus très surpris de constater que nombre de mes patients dans ces conditions avaient déjà entrepris des prétendues « cures naturelles ».

Leçon IV

Le diagnostic
(2e partie)

TYPES GRAS ET MINCE

Le système corporel des personnes appartenant au type gras est souvent plus obstrué *mécaniquement,* car elles sont en général plus grandes consommatrices de féculents. Chez celles de type mince, il y a plus d'interférences chimiques *physiologiques* avec l'organisme, car elles sont généralement très friandes de viande, ce qui génère beaucoup d'acidité, d'acide urique et d'autres poisons ainsi que du pus.

HISTORIQUE DE LA MALADIE

En règle générale, je pose à mes futurs patients ces questions dont on peut apprendre des éléments d'une grande importance :

1. Depuis combien de temps êtes-vous malade ?
2. Comment les médecins appellent-ils votre maladie ?

3. Quelle est la nature de votre traitement ?
4. Combien de traitements avez-vous suivis, et de quel genre ?
5. Avez-vous déjà subi une opération ?
6. Quels autres types de traitements avez-vous suivis précédemment ?

(l'âge, le sexe, le caractère héréditaire de la maladie, etc. sont également des points importants.)

Cependant, la chose capitale est le régime actuel du patient, son attirance particulière pour certains aliments et ses mauvaises habitudes ; s'il est constipé et depuis combien de temps. Quels types de régimes il a suivis auparavant, si c'est le cas. Il est nécessaire de baser le changement d'alimentation sur la diète actuelle du patient et seule une LÉGÈRE MODIFICATION vers un régime meilleur est conseillée.

LE DIAGNOSTIC EXPÉRIMENTAL

LA MÉTHODE LA PLUS EXACTE ET INFAILLIBLE POUR ÉTABLIR UN DIAGNOSTIC EST UN COURT JEÛNE. Plus le délai est court avant que le patient n'ait l'impression que son état « empire » avec le jeûne, plus son encombrement est important et grave. S'il se sent étourdi, souffre de maux de tête, etc., c'est qu'il est très encrassé par le mucus et la toxémie. S'il est victime de palpitations, *c'est un signe qu'il a du pus quelque part dans son système* ou que des médicaments, même pris il y a des années, sont remis dans la circulation pour être éliminés.

Toute région du corps « constipée » sera localisée par une légère douleur. Le soignant pourra ainsi déterminer encore mieux qu'avec des rayons X la condition réelle de l'intérieur du corps grâce aux révélations de la nature et établir un véritable diagnostic, plus exactement que les médecins et leurs appareils et instruments scientifiques coûteux.

Durant ce « court jeûne », on peut poser un diagnostic sur les maladies latentes de l'homme moyen que l'on considère comme normal et en bonne santé – mais qui est en réalité encrassé par le mucus. La nature vous le révèle de manière modérée et si un « point de faiblesse », que l'on n'aurait pu déceler autrement, a commencé à se développer, elle vous indiquera de manière infaillible où et de quelle façon cette personne développera une maladie si elle conserve ses mauvaises habitudes de vie – et ce même des années avant son déclenchement. Il s'agit là d'un PRONOSTIC DE DIAGNOSTIC.

QUELQUES DIAGNOSTICS SPÉCIAUX

Afin de démontrer que toutes les maladies qui sont différemment nommées, même les plus graves, reposent sur, et sont provoquées par, les mêmes encombrements généraux et constitutionnels du corps, je vais vous présenter, à la lumière de la vérité, quelques cas caractéristiques. À travers ces *exemples illustratifs*, je vais vous prouver qu'il n'existe pas une seule maladie, pas un trouble ou une sensation, pas une manifestation ou un symptôme de malaise qui ne puisse être expliqué et perçu immédiatement sous sa vraie nature : une constipation locale, constitutionnelle, par le mucus et la toxémie ; ces encombrements étant en majorité continuellement fournis par la « réserve chronique de déchets » de l'estomac, des intestins et, surtout, du côlon. Le « sous-sol » du « temple » humain est le réservoir d'où tout symptôme de maladie ou de faiblesse est tiré pour chacune de ses manifestations.

RHUME

Il s'agit d'un effort bénéfique pour éliminer les déchets des cavités de la tête, de la gorge et des bronches.

PNEUMONIE

Le rhume s'étend plus profondément et tente d'éliminer et de nettoyer le mucus de l'organe le plus spongieux et vital : les poumons. Une hémorragie survient afin de nettoyer plus radicalement. Tout le système est échauffé, entraînant une température plus élevée à cause de la friction des déchets en circulation. Cela semble alarmant, alors les médecins y remédient par les médicaments et la nourriture, bloquant ainsi le processus de guérison naturel – le nettoyage. Si le patient n'en meurt pas, l'élimination devient chronique et est appelée

PHTISIE

Le patient phtisique élimine en permanence le mucus engendré par les aliments qui contribuent à sa formation et dont on a, à tort, augmenté la consommation. Cette élimination se fait par les poumons au lieu de se faire par les voies naturelles. L'organe lui-même pourri de plus en plus et on parle alors de tuberculose.

L'organe vital (le poumon) – la pompe – agit de manière insuffisante sur la circulation, le système cellulaire entier se putréfie de plus en plus et se décompose avant la mort du patient.

MAL DE DENTS

Cette douleur est un avertissement de la nature : « Cesse de manger ; je dois me réparer ; il y a des déchets et du pus ; tu as mangé trop d'aliments pauvres en calcium, de viande. »

RHUMATISMES ET GOUTTE

Le mucus et l'acide urique s'accumulent tout particulièrement dans les articulations puisqu'il s'agit de la partie des tissus la moins sûre pour la circulation, lourdement encombrée par les déchets et l'acide urique chez les gros consommateurs de viande.

L'estomac est l'organe central dans le ravitaillement en matières pathogènes. La capacité de cet organe à digérer et à se vider après les repas est limitée. Tous les aliments (même les meilleurs) sont mêlés au reste de mucus, présent en permanence dans l'estomac de l'homme moyen. C'est tout simplement étonnant de voir combien de temps l'être humain parvient à supporter de telles conditions.

GOITRE

Il s'agit d'un incroyable dépôt de déchets créé par la nature afin de les empêcher de rejoindre la circulation.

FURONCLE

Le principe est le même, mais l'élimination se fait par l'extérieur.

BÉGAIEMENT

Il s'agit d'une accumulation particulière de mucus dans la gorge qui interfère avec le fonctionnement des cordes vocales. J'en ai soigné divers cas.

MALADIES DU FOIE ET DES REINS

Ces organes ont une structure très spongieuse et ils jouent en quelque sorte un rôle de tamis physiologique. C'est pour cela qu'ils sont facilement obstrués par du mucus gluant.

MALADIES SEXUELLES

Leur origine n'est autre que l'accumulation de mucus dans ces organes et elles peuvent se soigner facilement. L'utilisation de médicaments en elle-même déclenche les symptômes caractéristiques de la syphilis. Plus la consommation de médicaments a été importante, et tout particulièrement celle de mercure, plus le traitement devra être mené avec précaution.

MALADIES DES OREILLES ET DES YEUX

Même la myopie et l'hypermétropie ne sont que des congestions des yeux, et les difficultés d'audition une congestion des oreilles. J'ai soigné quelques cas de cécité et de surdité selon ces mêmes principes.

LES MALADIES MENTALES

En plus d'un système encombré, j'ai découvert que tous ceux qui souffraient d'une maladie mentale étaient touchés par un encombrement tout particulier du cerveau. Un homme qui était au bord de la folie a pu être soigné par un jeûne de quatre semaines. Il n'est rien de plus simple que de guérir la folie par le jeûne. Ces hommes ayant perdu la raison, leur instinct naturel leur dit de ne pas manger. J'ai pu constater que lorsque vous soignez n'importe quel type de maladie grâce au régime sans mucus, les patients sont dans le même temps soulagés de leurs problèmes psychologiques, légers ou importants. On a l'esprit plus clair après un jeûne. L'unité de pensée remplace les différences. Les différences de points de vue de nos jours sont largement provoquées par les régimes. Si quelque chose ne va pas chez quelqu'un, intéressez-vous d'abord à son estomac. Les malades mentaux souffrent psychologiquement de la pression des gaz sur leur cerveau.

Supplément aux leçons III et IV

Le miroir magique

Comme la civilisation a fait dégénérer l'homme, il ne sait plus quoi faire lorsqu'il tombe malade. Les maladies sont aussi mystérieuses pour la science médicale moderne qu'elles l'étaient pour le « sorcier guérisseur » d'il y a des millénaires – la principale différence étant que les « germes » ont remplacé les « démons » : il en demeure la présence d'un pouvoir extérieur mystérieux qui cherche à vous nuire et à détruire votre vie.

La maladie est un mystère pour vous comme pour tous les médecins qui n'ont pas encore regardé dans le « miroir magique » dont je vais vous parler maintenant. La naturopathie a le mérite d'avoir prouvé que la maladie est en nous – une matière étrangère et tangible – et doit être éliminée.

Si vous souhaitez devenir votre propre docteur ou, si vous êtes naturopathe et souhaitez obtenir plus de succès, vous devez apprendre la vérité et savoir ce qu'est la maladie. Vous ne pouvez soigner ni vous-même ni les autres sans un diagnostic exact qui vous donnera une idée précise de ce qu'est réellement la santé. Vous ne tirerez la vérité infaillible que du livre de la nature – c'est-à-dire, par un test de votre corps –, ce que j'ai appelé le « miroir magique ».

Tous ceux qui souffrent d'une quelconque maladie – ou ceux qui se pensent en bonne santé – pourront suivre ce processus de guérison par le jeûne et le régime sans mucus et éliminer du mucus, prouvant ainsi que la cause de base de toutes les maladies latentes de l'homme est l'encombrement des tissus du système par des substances alimentaires non éliminées, non utilisées et non digérées.

À travers le « miroir magique », un diagnostic véritable et infaillible de votre maladie vous apparaîtra comme jamais auparavant.

LE « MIROIR MAGIQUE »

1. C'est la preuve que votre douleur, sensation ou symptôme personnel et individuel, selon le nom de votre maladie, n'est rien de plus *qu'une accumulation localisée de déchets.*

2. Une langue chargée est la preuve d'un encombrement du système entier, qui obstrue et congestionne la circulation par du mucus dissous, qui se retrouvera même dans les urines.

3. La présence de fèces non évacuées, coincées par du mucus collant dans les poches intestinales, est une source constante d'empoisonnement qui interfère avec une digestion correcte et une bonne constitution du sang.

Afin de voir à l'intérieur de votre corps – beaucoup mieux et plus clairement que les docteurs et leurs appareils à rayons X coûteux – et de découvrir les causes de votre maladie ou même certaines imperfections physiques ou troubles mentaux que vous ignoriez jusqu'alors, essayez ceci :

Jeûnez un jour ou deux, ou ne mangez que des fruits (comme des oranges, des pommes ou tout fruit juteux de saison) et vous remarquerez que votre langue devient très chargée. Lorsque cela arrive à un patient souffrant d'une maladie aiguë, les médecins concluent toujours à une « indigestion ». La langue est le miroir non seulement de l'estomac, mais aussi du système dans son ensemble. Le fait que cette pellicule revienne même si l'on gratte la surface de la langue une ou deux fois par jour est une indication claire de la quantité de crasse, de mucus et autres poisons accumulés dans tous les tissus qui sont en train d'être éliminés sur la surface interne de l'estomac, des intestins et de toutes les cavités de votre corps.

Après votre jeûne, je vous conseille de diminuer vos quantités habituelles de nourriture – et de ne manger que des aliments naturels, purifiants sans mucus (des fruits et légumes verts), en offrant ainsi au corps une opportunité de se libérer et de se débarrasser du mucus, par ce qui est, en fait, LE PROCESSUS DE GUÉRISON.

Ce « miroir » sur la surface de la langue révèle la quantité d'encombrements qui encrassent le système depuis l'enfance – à cause de mauvais aliments, formateurs de mucus. Après avoir observé les urines au cours de ce test en les laissant reposer quelques heures, vous noterez que les mêmes quantités de mucus y sont éliminées.

Le volume de crasse et de déchets, qui sont la cause « mystérieuse » de vos « troubles » est presque incroyable.

La maladie – n'importe quelle maladie – est, tout d'abord, une obstruction particulière de la circulation, des tissus, de la tuyauterie. La manifestation des différents symptômes. Si l'on ressent une douleur ou de l'inflammation, cela est provoqué par une surpression – la chaleur ou l'inflammation causées par la friction et la congestion.

Ensuite, la maladie – n'importe quelle maladie – est une obstruction du système. Toute la tuyauterie humaine et tout particulièrement les petits capillaires microscopiques sont obstrués de manière « chronique » à cause de la mauvaise alimentation des populations civilisées.

Les globules blancs du sang sont des déchets – et aucun homme du monde occidental ne possède un sang et des vaisseaux sanguins exempts de mucus. On pourrait comparer cela à la suie dans un tuyau de poêle qui n'aurait jamais été nettoyé. En réalité, c'est même pire – car les déchets des aliments riches en protéines et des féculents sont GLUANTS.

Les caractéristiques de la construction des tissus, et tout particulièrement des principaux organes internes comme les poumons, les reins, toutes les glandes, etc., les font ressembler à des éponges. *Imaginez une éponge trempée dans de la colle !*

La naturopathie doit peu à peu se libérer des superstitions médicales – que l'on appelle à tort le « diagnostic scientifique ». La nature, seule, nous enseigne la science de la vérité. Elle soigne grâce à une méthode – le JEÛNE – chaque maladie qui peut être soignée. Cela est en soi une preuve que la nature ne reconnaît qu'une maladie et que dans chaque corps ses plus grands facteurs sont toujours les déchets, les corps étrangers et le mucus (avec l'acide urique et les autres toxémies et, très souvent, du pus, si les tissus sont décomposés).

Afin de réaliser à quel point le corps humain est encrassé, il faut avoir vu – comme moi – des centaines de jeûneurs. Voici un fait presque inconcevable : Comment de telles quantités de déchets peuvent-elles être stockées dans le corps ? Avez-vous déjà pris conscience du volume de flegme expulsé durant un rhume ? Et ce qui se passe dans votre tête est le reflet de l'état de vos bronches, poumons, estomac, reins, vessie, etc. Tous sont dans cette même condition. Et l'organe spongieux que l'on nomme la langue reflète précisément sur sa surface l'apparence de chaque partie de votre corps.

La médecine a mis au point une « science spéciale » faite de tests de laboratoire, de diagnostics urinaires et d'analyses sanguines.

Il y a plus de cinquante ans, l'un des plus importants pionniers de la naturopathie a déclaré : « Chaque maladie est corps étrangers – déchets. » J'ai dit, il y a vingt ans, et l'ai répété inlassablement depuis, que la majorité de ces déchets était une colle produite par de mauvais aliments, décomposés – qui quitte le corps sous la forme de mucus. La viande se décompose pour former du pus.

La lumière de la vérité m'a frappé alors que je jeûnais, contre l'avis du naturopathe qui me traitait contre le mal de Bright. Lorsque l'éprouvette se remplit d'albumine, je pus lire ses pensées sur son visage. Mais pour moi, cela prouvait que la nature expulsait – éliminait – des déchets ; qu'il s'agisse d'albumine, de sucre, de sels minéraux ou d'acide urique. C'était il y a plus de vingt-quatre ans, mais ce naturopathe (ancien docteur en médecine) croit toujours au remplacement de l'albumine à l'aide d'aliments hautement protéinés.

Le diagnostic médical du mal de Bright, lorsque les tests urinaires révèlent un fort taux d'albumine, est aussi trompeur que les autres. L'élimination de cette matière prouve que le corps n'en a pas besoin, qu'il est suralimenté – surchargé d'aliments riches en protéines. Au lieu de réduire la consommation de cette nourriture productrice de poison, on l'accroît à tort – afin de pallier la « perte » – jusqu'à ce que le patient meure. C'est dramatique de vouloir remplacer les déchets alors que la nature tente de vous sauver en les éliminant !

Autre test de laboratoire important, celui des sucres dans les urines – le diabète. Les dictionnaires médicaux continuent à le qualifier de « mystérieux ». Au lieu de faire manger des sucres naturels, qui vont dans le sang et peuvent être utilisés, on donne au patient diabétique des œufs, de la viande, du bacon, etc., et il finit par mourir de faim, privé des aliments naturels contenant et produisant les sucres qui lui ont été retirés.

Il a pourtant été prouvé depuis longtemps que tous ces tests sanguins, et tout particulièrement le test de Wassermann, sont fallacieux.

En tant que naturopathes, nous ne pouvons en aucune manière ignorer les enseignements de la nature ; même s'il peut nous sembler difficile de nous défaire des anciennes erreurs qui sont ancrées en nous depuis l'enfance.

L'une des erreurs les plus trompeuses est l'appellation individuelle de chaque maladie. Le nom d'une maladie est sans importance et n'a pas la moindre valeur lorsque l'on démarre un traitement naturel – tout particulièrement par le régime et le jeûne. Si chaque maladie est causée par des corps étrangers – et c'est assurément le cas – alors la seule chose nécessaire à connaître est le niveau d'encombrement réel du patient : à quel point et en quelles mesures son système est encrassé par ces corps étrangers et quelle est l'étendue de sa perte de vitalité (voir Leçon V) ; et, en cas de tuberculose ou de cancer, si les tissus eux-mêmes sont décomposés (pus et germes).

J'ai rencontré des centaines de patients qui m'ont déclaré que chaque médecin qu'ils avaient consulté leur avait donné un diagnostic différent, et un nom différent pour leur pathologie. Je les surprenais toujours en leur répondant : « Je sais exactement de quoi vous souffrez – en observant votre visage – et vous le verrez vous-même dans le "miroir magique" d'ici quelques jours. »

LE DIAGNOSTIC EXPÉRIMENTAL

Comme je l'ai déjà indiqué au début de cette leçon, vous devez jeûner durant deux ou trois jours. Pour les types gras, vous devriez utiliser des liquides durant ce jeûne. La surface de la langue reflètera clairement l'apparence de l'intérieur du corps, et l'haleine du patient témoignera de la quantité et de l'avancement de la décomposition. On peut même dire quel est son type de nourriture préféré !

Si une douleur survient à un endroit au début du jeûne, vous pouvez être certain qu'il s'agit d'un point faible – et que les symptômes n'étaient pas suffisamment déclarés pour que les docteurs puissent les découvrir lors de leurs auscultations.

On trouvera les déchets dans les urines sous forme de mucus, et il en sera également expulsé par le nez, la gorge, les poumons et les fèces. Plus le patient se sentira faible et mal durant le jeûne, plus cela signifiera que son encombrement et sa perte de vitalité sont importants.

Le diagnostic expérimental vous révèle le trouble exact et comment démarrer correctement : par un régime de transition ou un autre plus radical, et s'il faut ou non poursuivre le jeûne.

Cette expérience est le fondement, la base du développement de la science du traitement naturel, de la physique, de la chimie, etc. C'est une question posée à la nature qui donne toujours et en tout lieu la même réponse infaillible.

Si le patient devient nerveux ou que surviennent des symptômes de trouble cardiaque, vous pouvez être certain que des médicaments sont stockés dans son corps. Chez un patient phtisique, l'élimination est si importante après un court jeûne qu'il apparaît clairement à quel point il est sot et impossible d'essayer de le soigner avec de « bons aliments nutritifs » comme des œufs et du lait.

Toutes ces explications constituent le diagnostic expérimental, le seul diagnostic scientifique. Il n'existe pas de méthode offrant une meilleure vision de ce qui se passe à l'intérieur que cette simple technique. Aucun appareil coûteux ne pourrait montrer plus précisément les conditions réelles. Tous les autres tests, dont l'iridologie ou le diagnostic de la colonne vertébrale, ne sont jamais exacts et, par conséquent, pas fiables.

Les miroirs de la nature, ses révélations, ses démonstrations – des phénomènes et par les phénomènes – ne sont « magiques » que tant que l'on ne sait pas les interpréter correctement. La nature vous montre et vous révèle simplement tout – de manière bien plus exacte, parfaite et meilleure que toute la « science du diagnostic » réunie.

LE PRONOSTIC DE LA MALADIE

Nous en arrivons maintenant au pronostic de la maladie. Nous entendons parler de maladie « latente ». Tout le monde, malgré son impression d'être en « bonne santé », souffre d'une maladie latente ; la nature n'attend qu'une opportunité d'éliminer les déchets stockés depuis l'enfance.

Chacun le sait, mais peine à le comprendre : un « choc » important, comme un rhume ou une « grippe » du corps entier, déclenche l'élimination ; cependant, la nature est malheureusement paralysée dans son entreprise de nettoyage par les conseils des médecins qui encouragent à continuer de manger, à prendre des médicaments, etc., *entravant* ainsi l'élimination et engendrant des maladies sévères ou chroniques.

Chacun, même les bien portants, et tout particulièrement lors de la phase critique de la trentaine, devrait jeûner quelques jours et, grâce au « miroir magique », découvrir l'étendue de sa maladie, où se trouvent ses points faibles, ainsi que le nom de sa maladie latente et l'endroit où elle apparaîtra. C'est le pronostic de la maladie et, si les compagnies d'assurance-vie y croyaient, il leur fournirait un moyen réel et sûr de déterminer les « risques » pour leurs clients.

Jeûner jusqu'à ce que la langue soit propre est dangereux. Comment expliquer que la langue soit propre après avoir rompu le jeûne par un « vrai repas » alors que le « miroir magique » montre plus de déchets si l'on suit un régime fruitarien ou sans mucus après le jeûne ? Voilà le mystère irrésolu jusqu'alors du « miroir magique ». Et voici une explication simple : l'élimination est *bloquée* pour un moment par la consommation de mauvais aliments – et c'est pourquoi vous vous sentez provisoirement mieux avec ces mauvais aliments qu'avec des fruits. Et durant cette période, même le « miroir magique » peut vous amener à penser à tort que votre corps est propre. Mais un retour aux aliments naturels vous démontrera vite le contraire.

Pour une personne ordinaire, cela nécessitera entre un et trois ans de jeûnes réguliers et d'une alimentation naturelle et purifiante pour que le corps soit *réellement nettoyé de tous les* « corps étrangers ». Vous verrez alors comment il élimine constamment des déchets, par sa surface entière, par chaque pore de la peau, l'urètre et le côlon, les yeux et les oreilles, le nez et la gorge. Vous verrez comment du mucus aussi bien humide que sec (les pellicules, par exemple) est expulsé. Ainsi, toutes les maladies sont d'immenses quantités de déchets, stockés de manière « chronique » ; et par cette élimination artificielle des « maladies chroniques », vous me donnerez raison et réaliserez que je n'exagère pas lorsque j'affirme que le diagnostic de votre maladie, de toutes les maladies de l'homme, à la fois mentales et physiques, depuis l'aube de la civilisation, prouve qu'elles ont toutes la même cause fondamentale, quels que soient les symptômes. Elles sont, sans exception, un même état général et universel, une unicité de maladie : les déchets, les corps étrangers, le mucus et les poisons.

L'« impureté interne » est un terme trop doux pour exprimer la constipation chronique. En voici une véritable description : crasse, mucus, puanteur (odeur déplaisante) ou « déchets invisibles ».

LEÇON V

La formule de vie « V = P – O »

LE SECRET DE LA VITALITÉ

V = P – O (V égale P moins O) *est la formule de vie* – et pourtant on peut aussi l'appeler formule de mort.

V représente la VITALITÉ.

P, ou appelons-le X, l'inconnue de cette formule, est la PUISSANCE qui fait tourner la machinerie humaine, qui vous maintient en vie, qui donne force et efficacité – de l'endurance, pour un temps sans nourriture encore à déterminer !

O signifie OBSTRUCTION, encombrements, corps étrangers, toxémie, mucus – bref, toutes les impuretés internes qui obstruent la circulation, et tout particulièrement le fonctionnement des organes ; et la mécanique humaine dans son ensemble.

Cette équation vous montre que dès lors que O devient supérieur à P, la mécanique humaine s'arrête.

Pour un mécanicien, la définition de E = P – F est claire : la quantité d'énergie E qu'il tire de sa machine n'est égale à P, sa puissance, que lorsque l'on a ôté F, la friction.

L'idée ingénieuse de la construction du moteur idéal est de le faire fonctionner avec le moins de friction possible. Si nous transférons cette idée fondamentale à la mécanique humaine, nous constatons qu'elle implique la terrible ignorance de la physiologie médicale et que la naturopathie a trouvé un véritable moyen de soigner en supprimant, en éliminant les obstructions – c'est-à-dire les corps étrangers encombrants, le mucus et la toxémie.

Mais ce qu'est véritablement la vitalité et à quel point elle peut s'accroître – ce qu'une santé meilleure, supérieure, absolue peut être – n'a pas encore été démontré ou prouvé. Je vous enseignerai dans les prochaines leçons une NOUVELLE PHYSIOLOGIE différente dans ses principes, basée sur la correction des erreurs de la médecine sur la circulation, la composition, la construction du sang et le métabolisme. À cette fin, vous devez d'abord découvrir ce qu'est réellement la vitalité – la vie animale.

On considère généralement que le secret de la vitalité, le secret de la vie animale, est inconnu de la science. Vous serez surpris d'apprendre la vérité à travers un éclairage simple et naturel et la reconnaîtrez immédiatement pour ce qu'elle est : LA VÉRITÉ. Souvenez-vous toujours de ceci : « Ce qui ne peut être vu – perçu immédiatement – par un raisonnement simple est une fumisterie, pas de la science ! »

La mécanique humaine doit avant toute autre considération physiologique être vue comme un moteur à air-gaz construit dans son intégralité – à l'exception des os – en une matière caoutchouteuse, très élastique et spongieuse que l'on nomme la chair et les tissus.

Il faut également savoir que sa fonction est celle d'une pompe à air comprimé avec des liquides circulant à l'intérieur, comme le sang et les autres fluides (sèves) et que les poumons sont la pompe et le cœur la valve – et non le contraire, comme l'enseigne à tort la physiologie médicale depuis quatre-cents ans !

Autre fait – qui a été complètement négligé – la contre-pression extérieure automatique qu'exerce l'atmosphère et qui s'élève à plus de 1 kg au centimètre carré. Après chaque expiration, un vide se crée dans les cavités des poumons. En d'autres termes, l'organisme animal du corps humain dans sa totalité fonctionne de manière automatique en inhalant la pression atmosphérique et en expulsant de l'air transformé chimiquement ainsi que la contre-pression atmosphérique extérieure sur les vides du corps. Voici la vitalité, la vie animale dans sa nature et son importance première. *Voici P*, qui vous maintient en vie car sans air vous ne survivriez pas cinq minutes.

Mais le fait que tous ignorent – appelons-le le secret – c'est que cela fonctionne simplement et automatiquement grâce à la contre-pression atmosphérique qui n'est rendue possible que parce que la « machinerie » est composée de matières élastiques spongieuses avec une puissance de tension vitale – la capacité de vibrer, de s'étendre et de se contracter. Ces deux faits sont les secrets ignorés concernant la fonction automatique de « P » en tant que phénomène de vitalité, et le chimiste Hensel a démontré à travers ses formules chimiques physiologiques que cette élasticité vitale particulière des tissus est due à une combinaison de chlorure de calcium.

Le mot latin « spira » signifie à la fois air et esprit : « Le souffle de Dieu » est en fait, en premier lieu, *du bon air frais* ! On dit que le souffle, c'est la vie, et il est vrai que vous pouvez développer votre vitalité, votre santé, à travers des exercices physiques et de respiration. Il est également vrai que vous pouvez ainsi supprimer « O » (l'obstruction) à l'aide d'une pression et d'une contre-pression atmosphériques plus élevées. C'est un fait, on supprime et élimine les obstructions de corps étrangers par des vibrations localisées et toutes sortes de traitements physiques. Il est vrai que l'on élimine les matières pathogènes et les obstructions, et soulage donc toutes sortes de maladies par une accélération artificielle de la circulation qui offre plus de « gaz d'air » et de vibration aux tissus. Vous pouvez augmenter P (la puissance) artificiellement durant un certain temps, mais vous réduisez alors la capacité vitale de la fonction de contre-pression en affaiblissant l'élasticité caoutchouteuse des tissus. En d'autres termes, vous augmentez « P », mais pas « V » – bien au contraire ; cela ne peut être fait qu'aux dépens de « V ». Vous savez par expérience ce qui arrive à un élastique tendu en permanence ou étiré exagérément. Il perd son élasticité.

Vous soulagez des maladies, mais perdez peu à peu de la vitalité, et tout spécialement celle des organes importants particulièrement élastiques et spongieux comme les poumons, le foie, les reins, etc. Vous soulagez des maladies, mais ne les guérissez pas *parfaitement*, vous diminuez la vitalité puisque vous détendez, supprimez et éliminez les obstructions exclusivement par des moyens artificiels (des agents) ; en outre, tant que vous continuez à ingurgiter des déchets et des obstructions sous la forme de mauvais aliments non naturels, créateurs de mucus et formateurs de maladies, vous diminuez votre vitalité.

Essaieriez-vous de nettoyer un moteur en le faisant tourner constamment à plein régime et vibrer ? Non ! Vous commenceriez par y faire circuler un dissolvant puis changeriez son carburant – s'il s'agissait d'un moteur à vapeur, les obstructions seraient provoquées par une combustion incomplète du charbon.

Voilà qui nous amène au problème de la diététique, dont l'histoire se fonde sur la réponse à cette question : QUELS SONT LES MEILLEURS ALIMENTS ? En clair, quels sont les produits qui nous apportent le plus d'énergie, d'endurance, de santé et une meilleure vitalité, ou quels sont ceux qui provoquent les maladies ou le vieillissement ? Quelle est l'essence de la vie, de la vitalité : les exercices de respiration, l'activité – un esprit parfait ou une nourriture parfaite ?

Ma formule, l'équation que je vous ai présentée au départ, donne un éclairage sur la réponse à cette question et résout entièrement le mystère de ce problème. Commencez par réduire « O » en réduisant la nourriture de toute sorte, ou même en la supprimant totalement (jeûne) si vous le pouvez – ensuite, arrêtez ou au moins réduisez autant que possible votre consommation d'aliments formateurs de mucus et augmentez celle de denrées qui dissolvent ou détruisent l'obstruction et vous ferez *croître* « P » ; c'est-à-dire que vous favoriserez le fonctionnement de « P » libéré des obstructions : la pression atmosphérique, source de puissance infinie et inexhaustible. En d'autres termes, la question de la vitalité et du mécanisme de la vie animale dans son ensemble se résume en une circulation grâce à la pression atmosphérique non obstruée et parfaite et à une élasticité vitale des tissus grâce à une alimentation correcte et la contre-pression nécessaire à la vie.

« P » est infinie, illimitée, et presque la même partout, chez chacun et toujours, *mais elle ralentit son rythme* (sa vitesse) à mesure que vous accumulez les obstructions, que vous mangez trop et mal, en faisant diminuer la contre-pression naturelle des tissus.

Vous comprenez maintenant que la vitalité ne dépend pas immédiatement, directement et essentiellement de la nourriture ou d'un régime correct. Si vous mangez trop de bons aliments – et particulièrement avec un corps chargé de déchets et de poisons – ils ne peuvent entrer dans la circulation sanguine sans être corrompus et devenir des substances vitales « sources d'efficacité ». Ils sont mélangés et empoisonnés par le mucus et l'autotoxémie, et font au contraire baisser la vitalité – ils développent « O » au lieu de « P ». Vous savez désormais et le réalisez peut-être très clairement qu'il est inutile de déterminer une valeur des aliments dans l'intention d'augmenter « P » ou « V » *tant que le corps est plein de « O »*.

Mon système résout ce problème : il consiste en de petits jeûnes périodiques alternant avec des menus purifiants et *non nutritifs*, sans ou avec très peu de mucus. Et non pas dans l'idée erronée que l'on augmente « V » directement chez une personne malade en lui donnant des aliments sains. Il faut supprimer

« O » à l'aide de menus intelligents et prescrits personnellement. « P » augmente naturellement après un jeûne en se libérant des obstructions. Vous saisissez maintenant à quel point les gens ont tort de penser que le « régime sans mucus » consiste simplement à connaître les bons aliments !

Voilà donc la cause de l'échec de tant de « jeûnes », « régimes fruitariens », « cures » ou autres. LE PROFANE INEXPÉRIMENTÉ ARRIVE TOUJOURS À UN ÉCHEC FATAL. En d'autres termes, il supprime « O » trop rapidement, trop brusquement et se sent « parfaitement bien » pendant un temps. Le processus de dissolution se poursuit, « O » augmente et il se sent alors terriblement faible, retombe dans ses travers alimentaires qui bloquent aussitôt l'élimination des obstructions. Il se sent à nouveau bien, accuse son régime d'avoir provoqué sa faiblesse et voit désormais les mauvais aliments comme une source d'énergie vitale. Il perd la foi et vous dit avec la plus grande sincérité : « J'ai essayé, mais cela ne fonctionne pas. » Il reporte la faute sur le système dont il ignore pourtant tout alors que lui seul est responsable. Voici la pierre d'achoppement, même pour les experts et naturopathes qui se lancent dans des expériences en terme de diététique. La leçon VII vous dévoilera ce secret.

Quelques-uns ont plus d'expérience, mais très peu pensent comme moi que la *vitalité*, l'*énergie* et la *force* ne se puisent pas du tout dans la nourriture !

Ils croient qu'on les acquiert durant le sommeil, etc. Ce que j'ai appris et sais maintenant après des années d'expérimentation, et ce que j'ai réellement prouvé, se retrouve dans mon ouvrage *Santé et guérison par le jeûne*, mais on peut le résumer ainsi :

- PREMIÈREMENT : la vitalité ne provient pas principalement et directement de la nourriture, mais plutôt de l'importance et de la gravité de l'encombrement de la mécanique humaine, qui est « freinée » par les obstructions de mucus et la toxémie ;
- DEUXIÈMEMENT : si l'on supprime « O » en augmentant artificiellement « P », et par des vibrations des tissus liées à des traitements physiques, on le fait aux dépens de « V », la vitalité ;
- TROISIÈMEMENT : l'énergie vitale, l'efficacité mentale et physique, l'endurance, une meilleure santé à la seule faveur de « P », l'eau et l'air, sont gigantesques et surpassent l'imagination, dès lors que « P » fonctionne librement sans « O », sans les obstructions et la friction, dans un corps parfaitement propre ;
- QUATRIÈMEMENT : le temps maximal que l'on peut tenir sans nourriture ou avant que de la nourriture solide soit nécessaire dans des conditions parfaites est à ce jour encore à découvrir ;

◆ CINQUIÈMEMENT : hormis l'air, l'oxygène et une certaine quantité de vapeur d'eau, s'ajoutent à la composition de « P » – *mais uniquement dans un corps propre* – les éléments suivants, *dans des quantités pouvant aller jusqu'à l'infini* :

- ÉLECTRICITÉ,
- OZONE,
- LUMIÈRE (particulièrement celle du soleil),
- ODEURS (de bons parfums de fruits et de fleurs).

En outre, il n'est pas impossible que dans de telles conditions naturelles de pureté, l'azote de l'air puisse être assimilé.

La leçon suivante vous fera découvrir une NOUVELLE, mais VÉRITABLE PHYSIOLOGIE du CORPS, nécessaire à la compréhension du pourquoi et du comment du système de GUÉRISON PAR LE RÉGIME SANS MUCUS dans son entière perfection et c'est à cette fin qu'il nous fallait tout d'abord lever le voile sur ce secret, LE MYSTÈRE DE LA VITALITÉ.

Leçon VI

La nouvelle physiologie

Comme vous savez désormais ce que sont la vitalité et la simplicité du fonctionnement de la vie animale grâce à la pression et contre-pression de l'air (pour les animaux marins, le système est exactement le même mais l'eau remplace l'air), vous réalisez peut-être que la physiologie médicale, la science des fonctions animales, est fondamentalement fausse et s'appuie sur les erreurs suivantes, que la *nouvelle physiologie* se doit de corriger :

1. La théorie de la circulation sanguine ;
2. Le métabolisme ou la transformation de la matière ;
3. Les aliments riches en protéines ;
4. La composition du sang ;
5. La construction du sang.

LES ERREURS CONCERNANT LA CIRCULATION SANGUINE

La physiologie médicale, la physiologie pathologique, continue à trouver les maladies et leurs causes à l'aide de microscopes et la théorie des germes est actuellement à la mode. Ils ne découvriront jamais la vérité et ne comprendront jamais ce qu'est la maladie tant que leur conception de la circulation sanguine sera fondamentalement erronée.

Comme je l'ai déjà expliqué, un fait a été négligé : les poumons sont les organes moteurs de la circulation et le sang qui circule entraîne de cœur – tout comme pour une valve de régulation dans un moteur. Les faits suivants nous démontrent clairement que c'est le flux sanguin qui commande le cœur *et non l'inverse* :

1) Dès que l'on augmente la pression atmosphérique en respirant plus, on accélère la circulation et donc le rythme cardiaque ;

2) Lorsque l'on prend un poison stimulant – de l'alcool, par exemple – on *accélère* les battements cardiaques. À l'inverse, lorsque l'on prend des poisons paralysants pour les nerfs et les muscles – de la digitale, par exemple – on *ralentit* les battements cardiaques. Les professionnels de la médecine connaissent ces faits mais, malgré leur savoir,

en tirent la *mauvaise conclusion*, pensant qu'un pouvoir mystérieux agit sur le muscle cardiaque qui entraîne la circulation sanguine.

Parmi mes patients, de grands ingénieurs validèrent mon concept après avoir découvert ma nouvelle physiologie, déclarant que le cœur pourrait constituer le modèle de la valve parfaite pour n'importe quel moteur.

Comment prouver logiquement que le cœur contrôle la circulation si par celle-ci vous pouvez contrôler le cœur ?

L'augmentation de la pression atmosphérique lorsque l'on grimpe une colline ou que l'on court accroit l'action cardiaque ; en effet, la vitesse de la valve, tout comme dans un moteur, dépend de la pression.

Il y a trente ans, un expert en physiologie d'origine suisse, bien qu'étant un profane, démontra de manière indéniable à travers des expériences sur des animaux que la circulation, telle que nous l'enseigne la physiologie et telle qu'elle fut conçue par le Pr Wm Harvey à Londres, il y a quatre-cents ans n'existe pas du tout. Bien entendu, la médecine ne prêta aucune attention à ces démonstrations. Comment une « science » pourrait-elle être dans l'erreur ?

MÉTABOLISME

Le métabolisme ou « science de la transformation de la matière » est la doctrine la plus absurde et la plus dangereuse jamais imposée à l'humanité. Elle est la mère de la théorie erronée sur les cellules et de celle, plus erronée encore, de l'albumine qui éradiquera l'entière civilisation occidentale si on ne l'abandonne pas. Elle vous tuera également un jour, si vous n'acceptez pas la vérité : remplacer constamment l'albumine est *inutile* et vous ne gagnerez pas en vitalité, efficacité et santé grâce aux protéines tant que votre « machinerie » humaine devra travailler *contre* les obstructions qui sont en fait la cause de mortalité de toute l'humanité dans la civilisation occidentale.

L'idée erronée que les cellules du corps usent sans cesse leurs protéines au cours de la vie et que ces dernières doivent donc être remplacées par le biais d'aliments qui en sont riches peut être, et est, réfutée de manière indéniable par mes recherches, mes expériences et mes observations sur des centaines de jeûneurs. Les faits sont les suivants et vous constaterez encore qu'ils correspondent à mes enseignements et expériences. Ce que la médecine nomme et considère comme le métabolisme est l'élimination des déchets par le corps dès lors que l'estomac est vide. La médecine croit réellement que vous vivez de votre propre chair aussitôt que vous jeûnez. Même le Dr Kellog pense que les végétariens deviennent des carnivores dès qu'ils jeûnent et la naturopathie s'est elle-même plus ou moins emparée de ces principes médicaux fallacieux. On imagine que le corps humain ne peut tenir une minute sans nourriture solide, protéines et graisses et on en tire la conclusion erronée que l'on meurt de faim dès que l'on a épuisé ses réserves de graisse et de protéines au cours d'un jeûne. Voici ce que j'ai découvert et que je dois dire : les personnes minces peuvent jeûner plus facilement et plus longtemps que les grosses. Les fakirs indiens, qui n'ont que la peau sur les os et sont probablement les personnes les plus minces au monde, peuvent jeûner plus longtemps que tous et sans en souffrir. En quoi y a-t-il une « usure du corps » dans ces cas ? J'ai également découvert que plus le corps a été nettoyé de ses déchets (du mucus), plus il peut jeûner longtemps et facilement. C'est pourquoi il faut se préparer au jeûne par un régime d'élimination et laxatif. Mon record mondial de jeûne attesté durant quarante-neuf jours ne peut s'atteindre qu'à condition d'avoir suivi le régime sans mucus durant une longue période auparavant. En d'autres termes, j'ai pu supporter ce long jeûne et vous pourrez également supporter un jeûne d'autant plus facilement et longuement que votre corps sera nettoyé des graisses – qui sont en fait des chairs aqueuses, partiellement décomposées – du mucus et des poisons qui sont éliminés dès que l'on cesse de s'alimenter, complètement ou partiellement. Le corps humain n'expulse, ne brûle ou n'use aucune cellule saine ! Plus le corps est propre, libéré des obstructions et des déchets, plus vous pourrez jeûner facilement et longuement avec juste de l'air et de l'eau ! La limite à laquelle on meurt *véritablement* de faim reste encore à définir ! L'Église catholique prétend avoir des preuves que certains saints ont jeûné durant des décennies. Mais l'erreur médicale s'amplifie en enseignant le métabolisme, en prétendant que l'on doit remplacer ses cellules (qui ne sont pas usées, comme vous le voyez clairement), avec des aliments riches en protéines provenant d'un cadavre, *de la viande partiellement décomposée* et qui a subi le processus hautement destructeur de la cuisson ! Le fait est que vous accumulez plus ou moins les déchets dans votre corps sous la forme de mucus et de poisons qui seront les fondations croissantes de votre maladie et la cause finale de votre décès. L'imagination humaine n'est évidemment pas suffisante pour concevoir l'incroyable stupidité de cette doctrine et de ses conséquences, indifférente au fait que ces enseignements tuent réellement les individus et finiront par tuer toute l'humanité !

La médecine – et l'homme moyen, bien sûr – croit également que vous construisez de la chair et améliorez votre santé si vous prenez du poids chaque jour grâce à une « bonne alimentation ». Si l'on nettoyait le côlon d'un homme prétendument en « bonne santé » de toutes ses fèces accumulées – même s'il va « régulièrement » à la selle – il perdrait immédiatement 2,5 à 5 kg de « bonne santé ».

Le poids des fèces, que les docteurs prennent pour de la bonne santé ! Pouvez-vous imaginer pire erreur, pire aberration, pire bêtise et en même temps pire danger pour votre santé et votre vie ?

Voilà ce qu'est la « science » médicale du métabolisme.

Leçon VII

La nouvelle physiologie
(2e partie)

LES ALIMENTS RICHES EN PROTÉINES

Lorsque le mouvement vers la naturopathie et les régimes sans viande a vu le jour au début du siècle dernier, les scientifiques médicaux tentaient de prouver par des formules mathématiques que l'efficacité physique et mentale devait être entretenue chaque jour par une certaine quantité de protéines de remplacement chez l'homme moyen. En d'autres termes, ce devint une mode, une manie, de suggérer et de faire exactement le contraire des lois de la nature lorsqu'une personne se sentait faible, fatigable, épuisée ou malade d'une manière ou d'une autre.

Vous avez découvert dans la Leçon V la source de la vitalité et de l'efficacité, et vous savez désormais que sans nourriture du tout, et tout particulièrement sans protéines, on peut accroître les forces d'un corps malade.

Les nourritures hautement protéinées seront stimulantes pendant un certain temps seulement, car elles se décomposent immédiatement dans le corps pour former du poison. C'est un fait connu, toutes les substances animales deviennent très toxiques dès qu'elles s'oxydent au contact de l'air, tout particulièrement à une température élevée comme celle qui règne à l'intérieur du corps.

Les érudits sont allés jusqu'à prouver que l'homme appartient du point de vue biologique à l'ordre des carnivores, tandis que la théorie de l'évolution démontre qu'il est de la famille des grands singes, qui est exclusivement frugivore. Vous voyez à quel point la prétendue « science » est ridicule et contradictoire.

Le point fondamental et la véritable cause pour laquelle l'homme adulte n'a pas besoin d'autant de protéines que le prétend l'ancienne physiologie sont illustrés par la composition du lait maternel qui n'en comporte pas plus de 2,5 à 3 %. La nature construit pourtant un nouveau corps à partir de là.

Mais leur erreur va plus loin, dans leurs efforts pour remplacer quelque chose qui n'est pas détruit, pas utilisé, pas « consommé » du tout, comme nous l'avons découvert dans la leçon précédente sur les erreurs médicales à propos du métabolisme. La physiologie a une conception fondamentalement erronée de la transformation des matières, car les « experts », les fondateurs de ce type de science, manquaient totalement de connaissances en chimie, et tout particulièrement en chimie organique. La vie est basée sur la transformation de la matière – dans le sens de transformation chimique physiologique – mais jamais sur l'idée absurde que vous devez manger des protéines pour construire et développer celles de vos muscles et tissus. Ce n'est en aucun cas possible ; est-il nécessaire, par exemple, qu'une vache boive du lait pour en produire ? Le Dr von Bunge, éminent expert en chimie physiologique de l'université de Bâle, en Suisse, dont les livres n'embrassent pas les théories générales de l'enseignement médical, déclare que la vie, la vitalité, est fondée sur la transformation de substances (la nourriture) à travers laquelle la puissance, la chaleur, l'électricité se libèrent et agissent efficacement dans le corps animal.

Vous apprendrez dans la leçon concernant la fabrication du sang qu'une certaine transformation de la matière s'opère dans le corps humain, et comment les protéines sont constituées à travers la métamorphose d'autres substances alimentaires. Cette transformation de la matière ne consiste pas à remplacer d'anciennes cellules par de nouvelles, mais les substances minérales sont les pierres de construction de la vie animale et végétale et le remplacement s'effectue dans des quantités bien moindres que ce que l'on nous enseigne actuellement.

Les raisons pour lesquelles un très gros consommateur de viande peut vivre relativement plus longtemps qu'un végétarien qui consomme des féculents est simple à comprendre une fois que l'on connaît la Leçon V. Le premier produit des obstructions moins solides avec de plus petites quantités d'aliments carnés que celui qui se « gave » de féculents, mais ses maladies seront plus graves, car il accumule plus de poisons, de pus et d'acide urique.

Si vous connaissiez la vérité sur l'alimentation humaine – et vous allez la découvrir par la suite – vous seriez étonné de voir à quel point les physiologistes tâtonnent dans l'obscurité ; comment ils inventent une quantité standard d'albumine nécessaire pour l'homme moyen, quantité qui, soit dit en passant, se réduit de plus en plus. Eux, et même les meilleurs « experts en régime », font des estimations en ignorant la grande inconnue : les déchets présents dans le corps humain. Durant des centaines d'années, l'homme a mené une vie plus saine sans aucune formule sur les valeurs alimentaires et je doute qu'un seul de ces physiologistes ait jamais donné à son « cuisinier » une suggestion à ce sujet.

L'intégralité de cette démarche est une farce qui veut se faire passer pour une science. Quelques rares personnes, dont le professeur Chittenden, ont découvert par leurs expériences que l'énergie et l'endurance augmentent lorsque l'on diminue les quantités de nourriture – et tout particulièrement de protéines. Le professeur Hindhede a démontré que l'albumine ne doit quasiment pas être prise en compte et Fletcher leur a damé le pion à tous. Il ne se nourrissait que d'un sandwich par jour et réussit à guérir sa maladie prétendument « incurable » tout en *développant une incroyable endurance.*

Après avoir surmonté toutes les peurs des conséquences fatales qui m'attendaient si je n'adhérais pas strictement à toutes les nécessités « scientifiques » en matière de protéines, j'ai découvert, par expérience, et démontré un fait jusqu'alors ignoré et incroyable : dans un corps propre, dépourvu de mucus et de poisons, les aliments les plus pauvres en protéines que sont les fruits sont aussi ceux qui donnent le plus d'énergie et une incroyable endurance.

Si l'azote, composante essentielle des protéines, est un facteur important pour le fonctionnement du corps humain, si la vitalité dépend de l'azote, alors il me semble que dans ces conditions idéales c'est l'azote de l'air qui est assimilé.

Une nourriture provenant de l'infini ! « P » (la puissance) comme source de subsistance ! Quelles formidables possibilités ! Je vous suggère de relire la Leçon V et vous comprendrez ces deux faits :

1. La vérité à propos de l'alimentation est toujours un « livre des Sept Sceaux » pour l'humanité, y compris pour les experts en alimentation et les scientifiques ;

2. L'erreur de considérer les aliments riches en protéines comme une nécessité pour la santé, enseignée et conseillée par toutes les doctrines médicales a des effets et des conséquences à l'opposé de ce qu'ils devraient être : il s'agit de l'une des principales causes de maladie. C'est le phénomène le plus tragique de la dégénérescence des peuples occidentaux. Elle a engendré l'habitude la plus dangereuse et destructive consistant à se goinfrer ; elle a produit la plus grande folie jamais imposée à l'humanité, c'est-à-dire s'efforcer de soigner une maladie en mangeant plus et *tout particulièrement* plus d'aliments riches en protéines. Il n'est pas de mot pour exprimer ce que signifie cette erreur des aliments riches en protéines. Laissez-moi vous rappeler que la médecine se revendique du grand diététicien Hippocrate, qui déclarait : « Plus on nourrit une personne malade, plus on l'affaiblit. » Et encore : « Que ton aliment soit ta seule médecine. »

Leçon VIII

La nouvelle physiologie
(3e partie)

LA COMPOSITION DU SANG

La conséquence logique des trois premières erreurs de l'ancienne physiologie est le problème de la composition du sang humain – non seulement telle qu'elle devrait être, mais aussi en tant que sujet d'« examen scientifique » ; l'erreur est si importante qu'elle frise la folie.

Voici le problème : les globules blancs sont-ils des cellules vivantes indispensables dans la protection et le maintien de la vie, la destruction des germes responsables des maladies et l'immunisation du corps contre la fièvre, les infections, etc. comme le prétendent les doctrines traditionnelles de physiologie et de pathologie ?

Ou sont-ils tout le contraire : des déchets, des substances alimentaires décomposées, non digérées et inutilisables, du mucus ou des « pathogènes » comme les appelle le Dr Powell ? Des éléments non digérés par le corps humain, non naturels et par conséquent pas du tout assimilés ? Sont-ils en réalité les résidus de la nourriture riche en protéines et en féculents que l'Occidental moyen enfourne dans son estomac trois fois par jour ? Ce que j'appelle « mucus » et qui est à la base de toute maladie ?

La pathologie le prouve elle-même en déclarant que le nombre de globules blancs augmente en cas de maladie, et la physiologie déclare que, dans un corps sain, ils sont plus nombreux au cours de la digestion et qu'ils proviennent de la nourriture riche en protéines.

C'est totalement exact et une conséquence logique de l'erreur consistant à consommer trop de protéines.

Selon la « science » médicale, la présence de globules blancs est une condition normale et les personnes en bonne santé doivent en avoir comme tout un chacun. Tout Occidental a été dès son enfance gavé en permanence de lait de vache, de viande et d'œufs, de pommes de terre et de produits céréaliers. *Il n'y a plus aujourd'hui d'homme sans mucus !*

Mon premier article avançait l'idée colossale que l'homme blanc est dénaturé, malade, pathologique. Tout d'abord, sa peau manque de pigments, à cause d'un déficit en sels minéraux colorants ; ensuite, son sang est toujours surchargé de globules blancs, de mucus et de déchets de couleur blanche – cela explique l'apparence de tout son corps.

Les pores de la peau de l'homme blanc sont bouchés par du mucus séché de même couleur – tous ses tissus en sont remplis. Ce n'est pas étonnant qu'il ait l'air blanchâtre, pâle et anémié. Chacun sait qu'une pâleur excessive est un « mauvais signe ». Lorsque mes amis et moi allâmes prendre un bain d'air public après avoir suivi durant plusieurs mois un régime sans mucus accompagné de cures de soleil, les gens nous prirent pour des Indiens et pensèrent que nous étions d'une autre race. Cela était sans aucun doute dû à la grande quantité de globules rouges dans notre sang et à l'*absence* remarquable de globules blancs. Je trouve que j'ai le teint légèrement pâle le matin lorsque je mange un morceau de pain.

Mais l'endroit n'est pas le bon pour présenter tous les arguments contre cette terrible erreur à propos de la nature et de la « fonction » des globules blancs propagée à tort par la « science » médicale. Tous ceux qui désirent de véritables preuves scientifiques peuvent lire l'ouvrage du Dr Powell, *Fundamentals and Requirements of Health and Disease*, publié en 1909 – quelques années après la sortie en Europe de ma théorie du mucus, traduite en anglais en 1913 sous le titre *Rational Fasting and Regeneration Diet*, sans qu'aucun de nous connaisse les travaux de l'autre. Le Dr Powell développe de manière générale les mêmes idées que moi au sujet de la cause de toutes les maladies, les globules blancs, et de toutes ces erreurs de la médecine. La seule différence réside dans le fait qu'il nomme « pathogène » ce que je nomme « mucus ».

Cependant, nos avis divergent totalement sur les méthodes d'élimination et le régime à suivre ; mais même dans la composition des globules rouges, du plasma dans son ensemble, du sérum sanguin et de ce qu'on appelle l'« hémoglobine », la « science » médicale est très loin d'être parfaite.

Les deux points importants que nous devons retenir sont les suivants : 1. La nécessité absolue et vitale du fer dans le sang humain ; 2. La présence de sucre dans le sang.

Hensel, éminent expert en chimie physiologique et concepteur de la théorie des sels minéraux, déclare dans son ouvrage *Life* : « Le fer est chimiquement voilé dans notre sang. » Le manque de connaissance en chimie des médecins les empêche de le découvrir. À la page 36 du même livre, il dit : « L'albumine de notre sang renferme une combinaison de sucre et d'oxyde de fer, mais telle que l'on ne peut les trouver ou les reconnaître (les découvrir), ce qui fait que ni le sucre ni le fer ne peuvent se détecter au moyen des tests chimiques ordinaires. Il faut d'abord brûler l'albumine afin de rendre le test parfait. »

Voici le fait véritable et capital selon moi : la couleur rouge du sang est la marque la plus caractéristique de ce « suc si particulier » et est due à l'oxyde de fer, *la rouille* ! L'importance du fer dans le sang est donc évidente. Le sucre lui aussi est capital au-delà de ses qualités nutritives et est une part essentielle de l'hémoglobine parfaite, qui dans l'état idéal doit devenir épaisse telle de la gélatine dès qu'elle entre en contact avec l'air afin de contribuer à refermer les plaies. Vous pourrez trouver dans mon livre *Rational Fasting* une expérience sur une plaie qui ne saigne pas, guérit immédiatement, *sans* sécrétion de pus et de mucus, *sans* douleur ni inflammation.

Parmi les découvertes des docteurs à propos du sang humain, l'une est vraie : l'acidité est un signe de maladie. Rien d'étonnant à ce que cela se produise chez une personne qui remplit chaque jour son estomac de viande, d'amidon, de confiseries, de fruits, etc., et tout cela à la fois.

Essayez vous-même si vous n'êtes pas totalement convaincu. Mangez l'un de vos repas habituels et ressortez-le de votre estomac une heure plus tard : vous obtiendrez un mixture acide en pleine fermentation dégageant une odeur atroce rappelant celle de votre poubelle et qui, si vous la donnez à manger aux cochons, rendra peu à peu malades même ces animaux.

Ou, si vous n'osez vous lancer dans cette entreprise courageuse, tentez l'expérience qui suit : la prochaine fois que vous prendrez votre repas du dimanche, faites servir le même menu à un invité imaginaire. Mettez sa portion dans un plat dans les mêmes quantités que celles que vous mangez et buvez vous-même. Mélangez vigoureusement. Puis cuisez le tout au four à la température du sang durant au moins trente minutes. Couvrez le plat et laissez reposer jusqu'au lendemain. Une sacrée surprise vous attendra lorsque vous ôterez le couvercle au matin.

Leçon IX

La nouvelle physiologie
(4e partie)

LA FABRICATION DU SANG

Le problème de la fabrication du sang dans le corps humain englobe toutes les questions de santé et de maladies. En d'autres mots, votre bien-être et vos pathologies dépendent presque entièrement de votre régime ; si votre nourriture est appropriée ou non, quels aliments vous sont néfastes et donc engendrent des maladies ou quels aliments vous soignent et conservent votre corps en bonne santé, fabriquant du bon sang, naturel – et lesquels construisent du mauvais sang, acide et malade. Ces questions et leurs justes réponses sont les bases de la diététique et de mon « régime curatif sans mucus ». Cette leçon ne porte que sur les généralités. Nous rentrerons dans les détails par la suite.

En effet, la partie essentielle et principale de mon régime curatif consiste à se fabriquer un nouveau sang idéal en lui « fournissant » continuellement des aliments naturels contenant les éléments vitaux à travers lesquels le flux sanguin peut dissoudre et éliminer tous les déchets, tout le mucus, tous les poisons et drogues absorbés au cours d'une vie, indépendamment de l'endroit et de la durée pendant laquelle ils ont été « stockés » dans le corps en tant que maladies latentes.

Ce que la physiologie « officielle » de l'alimentation nous enseigne à propos de la fabrication idéale du sang est doublement erroné. À commencer par le problème de la chimie physiologique. Et deuxièmement à cause des vérités naturelles.

Je dois une fois de plus citer cette grande autorité de la physiologie chimique qu'est le professeur von Bunge qui m'a personnellement avoué qu'il n'adhérait pas à l'enseignement de la médecine officielle. Il déclare : « La vie est basée sur la transformation de substances, qui libèrent de la puissance, de l'efficacité, comme dans tout processus de transformation d'une entité chimique composée d'atomes et de molécules en une autre. »

Les auteurs qui furent à l'origine de la physiologie manquaient principalement de connaissances en matière de chimie dues à une éducation plus centrée sur l'humanisme que sur les sciences naturelles. D'autre part, la chimie inorganique n'était pas suffisamment développée à l'époque.

Leur idée sur les protéines les induisait en erreur. Voici leur raisonnement : les muscles, les tissus et le corps entier sont essentiellement constitués de protéines – voilà pourquoi cette substance devrait être introduite dans le sang pour favoriser la fabrication, le développement – en d'autres termes, vous devez manger du muscle pour fabriquer du muscle, manger des protéines pour fabriquer des protéines, manger de la graisse pour fabriquer de la graisse et, dans le cas d'une femme qui allaite, elle doit boire du lait pour produire du lait !

Comme ils croyaient et croient encore au métabolisme et à la nécessité de remplacer chaque jour les cellules usées, ces principes sont respectés dans le régime de l'omnivore moyen.

Vouloir par exemple ingérer du fer inorganique pour remplacer cette substance dans le corps est une erreur du même ordre.

Les vaches arrivent à construire de la chair, des tissus, des os, des poils, du lait, de l'énergie, de la chaleur exclusivement à partir d'herbe. Donner du lait à une vache pour augmenter sa production serait considéré comme de la folie et pourtant l'homme agit exactement de la même manière envers lui-même !

De nos jours, chaque substance du corps humain est analysée chimiquement et les médecins rêvent de perfectionner les aliments concentrés afin de vous permettre, dans le futur, de transporter des repas en quantité suffisante pour tenir quelques jours dans les poches de votre veste. Cela n'arrivera cependant jamais, car le corps humain n'assimile pas le moindre atome de nourriture qui ne provienne d'un fruit ou d'un légume.

Toutes les mixtures manufacturées trop concentrées – qu'elles soient végétales ou animales – n'améliorent pas le sang, elles ne font que le stimuler.

Une alimentation carnée ne peut pas donner un bon sang ; et d'ailleurs elle ne fabrique pas de sang humain du tout, pour la raison biologique que l'homme est par nature frugivore. Observez le jus d'une mûre, d'une cerise noire ou de raisins noirs bien mûrs. Ne ressemble-t-il pas à notre sang ? Un homme raisonnable pourrait-il apporter la preuve que des « tissus musculaires » à moitié décomposés donnent un meilleur sang ?

Dès que l'animal est abattu, sa chair entre plus ou moins en décomposition. Elle subit ensuite le processus destructeur de la cuisson. Aucun animal carnivore ne se nourrit de viande cuite ; il doit la consommer crue – sang, os et tout le reste.

Nous vous donnerons plus tard plus de détails à propos des aliments justes et naturels et vous apprendrez la vérité. Je ne mentionnerai ici qu'un seul fait important, qui est essentiel dans mon enseignement de la diététique et sur lequel mon avis diverge de celui de tous les autres, même des experts qui croient toujours qu'albumine concentrée, sels minéraux concentrés, etc. sont nécessaires pour fabriquer un bon sang.

L'albumine n'est pas la substance la plus importante pour notre sang et les sels minéraux seuls ne peuvent donner le sang parfait. LA SUBSTANCE CAPITALE POUR LE SANG HUMAIN EST LA FORME LA PLUS DÉVELOPPÉE D'HYDRATE DE CARBONE, LE SUCRE CONTENU DANS PRESQUE TOUS LES FRUITS MÛRS ET, EN MOINDRE MESURE, DANS LES LÉGUMES. Les dernières avancées scientifiques nous enseignent que même la petite quantité de protéines nécessaire est développée à partir des sucres que l'on trouve dans le corps humain et animal. Tous les animaux qui se nourrissent de céréales et de végétaux transforment ces aliments, tout d'abord en sucres, puis dans leur corps tout entier.

Mais le point essentiel de désaccord ne se situe pas sur la nourriture et la fabrication du sang. Celui qui ignore ce qu'il en est des maladies – latentes, aiguës ou chroniques – telles que nous les avons abordées dans la Leçon V, ne connaîtra jamais la vérité sur l'alimentation humaine.

Comme vous l'avez compris dans les leçons précédentes, sitôt que le sang est amélioré grâce aux fruits, l'homme moyen se met à éliminer immédiatement les obstructions – il se sent mieux durant quelque temps mais, alors que de plus en plus de déchets sont dissous et qu'il ressent le choc qui en résulte dans sa circulation, il perd confiance et lui, le médecin, et tous les autres accusent le manque de nourriture « efficace ». Il pense, comme tous le lui suggèrent, qu'il a besoin de « nourriture normale » qui le stimulera durant quelque temps et lui fera croire que ce sont les œufs et la viande qui fabriquent un bon sang.

En d'autres termes, le problème de la fabrication du sang, par le biais d'une nourriture correcte et appropriée, et le problème diététique dans son ensemble ne seront pas résolus ; et la vérité ne sera ni acceptée ni crue, et encore moins mise en pratique, par ceux qui n'ont pas appris ce qui se produit et ce que signifie guérir par le biais d'une nouvelle alimentation fabriquant vraiment du sang.

Voilà la cause profonde qui fait que les médecins accréditent et recommandent des aliments destructeurs et que l'homme moyen continue de les consommer de plus en plus, car il n'a pas la moindre idée de ce qu'est la maladie et de la manière dont il pollue chaque jour son sang.

Leçon X

Critique objective et impartiale des autres méthodes de guérison

Les méthodes de guérison sont innombrables. Si l'on omet les superstitions qui dominent largement dans ce domaine, les méthodes sérieuses peuvent être divisées en deux classes principales :

1. LA MÉDECINE ;
2. LES TRAITEMENTS SANS MÉDICAMENT.

L'histoire de la médecine nous montre que, notamment dans le passé, les médicaments et autres « inventions » mystérieuses étaient l'œuvre de « charlatans ». Un grand nombre de « médicaments », de « remèdes standards » – le mercure, par exemple – ont été apportés par des « charlatans ». Les sérums modernes, etc. ne sont pas pour autant meilleurs en dépit de leur préparation « scientifique ».

Sachant exactement ce qu'est la médecine, nous pouvons comprendre un fait qu'elle ne peut pas expliquer : POURQUOI les symptômes de la maladie peuvent-ils être supprimés par les médicaments et sérums dans une certaine mesure. On ne connaît leurs « résultats » que par des expériences, mais la médecine ignore le *pourquoi* de ces résultats, pourquoi des « effets particuliers » se produisent.

VOICI LE SECRET : si le corps d'un homme malade entreprend d'éliminer les poisons qui se manifestent par un quelconque symptôme et qu'un nouveau et dangereux poison est introduit dans la circulation, l'élimination par le symptôme est plus ou moins stoppée, car le corps se met instinctivement au travail pour neutraliser autant que possible ce nouveau poison. Les symptômes réapparaissent dès que la vie du patient est sauvée et le même processus est répété jusqu'à ce qu'il meurt ou – s'il en a l'intelligence – rejette la médecine à temps et cherche à se soigner par LES TRAITEMENTS SANS MÉDICAMENTS.

Ces méthodes de guérison sont également très nombreuses et on peut les subdiviser en trois groupes :

1. Les traitements physiques ;
2. Les traitements mentaux ;
3. Les traitements diététiques.

LES TRAITEMENTS PHYSIQUES

En général, les traitements physiques ont tendance à libérer les encombrements locaux par diverses sortes de vibrations et de différences thermiques. La cure de Kneipp, par exemple, est en fait une application de froids artificiels qui stimulent la circulation, et donc, l'élimination.

Les exercices (gymnastique suédoise), le travail de respiration, les massages, l'ostéopathie, la mécanothérapie, etc. fonctionnent selon le même principe. La chiropractie, cependant, réclame un « schéma » particulier. La subluxation est supprimée, cependant la chiropractie, comme les médicaments, peut soulager immédiatement la douleur du symptôme, mais celui-ci reviendra tôt ou tard si l'on cesse le travail ou si l'on persiste dans ses mauvaises habitudes de vie. La raison de la subluxation est l'*accumulation de corps étrangers* entre les os de la colonne, et nous savons qu'ils trouvent leur origine dans une mauvaise alimentation, tout comme les autres symptômes de maladie. Il ne fait aucun doute que *le surpoids de l'homme moyen*, en général, est *une autre cause de subluxation*. Durant de longs jeûnes, j'ai vu beaucoup de colonnes déformées s'améliorer considérablement.

Il existe diverses autres méthodes utilisées pour agiter les tissus et stimuler la circulation, par exemple l'électricité, la lumière électrique, la lumière du soleil, etc. Toutes ces méthodes soulagent plus ou moins, mais *ne peuvent jamais guérir parfaitement* puisqu'elles ne se focalisent pas suffisamment sur une alimentation correcte ; en d'autres termes, l'élimination de la maladie ou des corps étrangers ne sera jamais achevée tant que l'ingestion de mauvais aliments se poursuit et qu'un sang entièrement nouveau n'est pas fabriqué grâce à de *véritables* aliments sans mucus, *sains* et *naturels*.

LES TRAITEMENTS MENTAUX

On ne peut nier que l'état de l'esprit influe sur toutes sortes de maladie. On a prouvé que la peur, la tristesse et les soucis avaient une mauvaise influence, non seulement sur le cœur et les nerfs, mais aussi sur la circulation, la digestion, etc. La psychothérapie, la guérison mentale et divine, la science chrétienne possèdent ce grand avantage : elles sauvent les malheureux malades des méfaits des médicaments ! D'un autre côté, je ne peux leur accorder trop de crédit, car, si elles sont inoffensives, elles ont tendance, consciemment ou non, à maintenir les gens dans l'obscurantisme le plus complet quant à ce qu'est la maladie.

Nous savons exactement ce qu'est la maladie et ne pouvons cautionner un enseignement qui s'évertue à faire croire aux malades qu'ils peuvent être soignés par un miracle ou par la force de l'esprit – qu'ils ne sont en fait pas malades du tout – alors qu'ils sont à cet instant même mourants ! Il est grotesque, pour ne pas dire pitoyable, de prier le Créateur pour obtenir une guérison miraculeuse tout en rejetant et en négligeant les véritables nourritures divines – les fruits du paradis, le « pain des anges » – et en s'empiffrant trois fois par jour d'aliments préparés néfastes, fabriqués par l'homme à des fins commerciales et jamais envisagés par le Créateur comme nourriture de l'homme.

LEÇON XI

Les erreurs de la diététique

Dans cette leçon très importante, je vais devoir vous convaincre, une fois pour toutes, des faits suivants : 1. Que c'est dans la nourriture (dans le régime alimentaire) que résident 99,99 % de toutes les causes de maladies et de santé imparfaite ; 2. Qu'en conséquence, toute tentative de guérison, tout traitement échouera tant que l'on ne mettra pas l'accent principalement sur le régime alimentaire ; 3. Que ce que je nomme « régime sans mucus » et « aliments formateurs de mucus » permet, comme on peut s'y attendre, de séparer tous les aliments de l'homme en deux catégories : ceux qui sont sans danger, naturels, curatifs et nutritifs et ceux qui sont dangereux et à l'origine de maladies ; 4. Que toutes les autres formes de diététique sont dans l'ensemble erronées parce qu'elles s'appuient uniquement sur la valeur des aliments, qu'ils soient « mauvais » ou non, et non sur le pouvoir curatif, nettoyant et purifiant et leur efficacité avant le démarrage du processus de guérison, durant et après (voir Leçon V).

Le problème de la diététique, « ce que l'on devrait manger pour être en bonne santé ou guérir » est, en réalité, le problème de la vie – bien qu'on néglige ou ignore souvent l'aspect crucial de cette question. Il y a longtemps que j'ai prononcé cette phrase : « La vie est une tragédie de la nutrition. » La confusion et l'ignorance quant à ce que signifie manger sont en réalité si grandes que l'on parler de « chaînon manquant » de l'esprit humain.

Il est significatif que la science médicale et même les prétendus traitements « naturels » considèrent la diététique comme secondaire dans la guérison. Même pour les machines, leur efficacité dépend de la qualité et de la quantité de carburant qu'elles utilisent. Il n'y a plus de doute concernant les plantes : on sait que la qualité des fruits dépend plus du terrain que du climat. Les agriculteurs ont clairement compris que tout repose sur l'alimentation de leur bétail. La santé et la maladie dans les organismes animaux et humains dépendent à 99,99 % de l'alimentation. Cela se voit indiscutablement dans la nature puisqu'un animal malade refusera de s'alimenter. Cet instinct à répondre à une maladie ou même une blessure par un jeûne est la démonstration de la nature que la santé et la maladie dépendent entièrement de ce que l'on mange ou non, ainsi que du type d'aliments.

Si l'homme moyen et même les médecins imputent leurs maladies à tout sauf à l'alimentation, c'est à cause de ce fait tragique : dans leur esprit, la maladie est encore un mystère. Ils ignorent à quel point l'intérieur du corps est affreusement sale à cause d'une vie de mauvaises habitudes passée à manger dix fois plus que nécessaire – et, dans la plupart des cas, des aliments en majorité, voire exclusivement, nocifs.

Si une personne prétendument en « parfaite santé » et avec une alimentation standard jeûne trois ou quatre jours, son haleine, son corps entier et ses sécrétions dégagent une odeur désagréable qui prouve et indique que son système tout entier est rempli de substances décomposées non éliminées qui sont arrivées là par l'alimentation. Ces déchets accumulés de plus en plus nombreux sont sa « maladie » latente, non déclarée, et lorsque la nature veut les éliminer par un « choc » de quelque sorte, que l'on nomme généralement la maladie, il tente de se « soigner » par tous les moyens, excepté le jeûne qui permettrait pourtant de *cesser d'augmenter* les déchets internes, c'est-à-dire la cause même de la maladie.

Vous savez maintenant à quel point la médecine a tort d'essayer d'*empêcher* la guérison naturelle, le processus d'élimination appelé « maladie », et ainsi d'augmenter le nombre de déchets par des médicaments et sérums. Mais les traitements « naturels » d'élimination de toutes sortes ne fonctionneront parfaitement que si vous cessez d'alimenter le flux de déchets engendrés par la nourriture et spécialement la « mauvaise » nourriture. Vous pourrez nettoyer encore et toujours, mais n'obtiendrez jamais la pureté parfaite tant que vous ingérerez de mauvais aliments ou même *trop de bons aliments*.

S'il est vrai que la nourriture en elle-même est la cause majeure de toute maladie – comme le prouve clairement la nature – il est alors logique et évident que vous ne puissiez guérir que par un régime et éventuellement, si nécessaire, par le régime le plus rationnel qui soit : le jeûne, seul « remède » naturel dans le monde animal.

Voilà pourquoi si un régime doit guérir, il sera constitué d'aliments non pas en fonction de leurs valeurs nutritives ou régénératrices, mais de leurs vertus curatives, nettoyantes et purifiantes.

Voilà principalement pourquoi et en quoi les autres diététiques échouent. Mon régime de guérison, le « régime sans mucus », classe, comme nous l'avons vu plus haut, tous les aliments en deux strictes catégories : ceux qui soignent et ceux qui engendrent des maladies.

Il ne suffit pas, comme l'imaginent les profanes, de savoir quels aliments sont dépourvus de mucus et quels aliments en fabriquent, mais :

1. DANS QUELLE MESURE ET À QUELLE VITESSE LE CHANGEMENT PEUT S'EFFECTUER EFFICACEMENT ;

2. COMMENT IL FAUT COMBINER LES DIFFÉRENTS ALIMENTS ;
3. À QUELLE FRÉQUENCE ET POUR QUELLE DURÉE ON DOIT INTÉGRER DES JEÛNES DANS LE RÉGIME CURATIF LE CAS ÉCHÉANT.

Voilà le « SYSTÈME » du régime sans mucus et du jeûne et voilà ce que LE PRATICIEN DOIT ÉTUDIER ET APPRENDRE et ce qu'ignore le profane, qui doit pour cela éviter à tout prix d'essayer de se soigner lui-même par de « bons aliments ».

Après ces explications, vous comprendrez rapidement pourquoi les différentes diététiques, dans les critiques que je formule à leur encontre, sont imparfaites et pourquoi la confusion est si grande. Dans les leçons qui suivront, vous apprendrez également pour chaque type d'aliment pourquoi il est bon ou mauvais. Si vous ignorez toujours quels sont les aliments sans mucus et ceux qui en fabriquent, les voici : tous les fruits, cuits ou crus, ainsi que les noix et végétaux à feuilles vertes sont sans mucus ; tous les autres aliments du monde civilisé, *sans exception*, forment du mucus et de l'acide, et sont donc néfastes.

Leçon XII

Les erreurs de la diététique
(2e partie)

La majorité des régimes végétariens n'excluent que la viande de leurs menus, et leurs mélanges de plus grandes quantités de fruits (les bons aliments) avec des œufs et du lait provoquent une suralimentation – qui, dans la plupart des cas, est *pire* qu'une consommation modérée de viande et une alimentation « moins mélangée ».

Trois importants médecins ont amélioré le régime végétarien mais, comme les autres diététiciens, ils ont échoué sur un point : ils croient tous plus ou moins qu'il faut consommer de la nourriture riche en protéines durant la guérison. En d'autres termes, tous les diététiciens, sans exception, en dehors de moi-même, pensent que le corps, et tout particulièrement un corps malade et faible, a besoin d'une « bonne nourriture nutritive » pour guérir, ignorant le fait que seule la nature guérit et qu'elle le fait mieux par le jeûne (relisez la Leçon V, afin d'en comprendre pleinement les raisons).

Le Dr Lahmann, un docteur allemand, a prouvé dans son ouvrage intitulé *The Dietetical Disformation of Blood* que le gaz carbonique était la cause de toutes les maladies, mais il n'est pas parvenu à en déterminer la raison profonde : la fermentation entraînée par le mélange d'aliments contenant du mucus avec des fruits. Il croyait en la théorie des protéines et en fut victime en dépit de ses connaissances poussées.

Le Dr Haigh, un médecin anglais, proposa une nette amélioration avec son régime « anti-acide urique », mais il commit la même erreur que le Dr Lahmann.

Le Dr Catani, qui était italien, établit un régime à base de fruits, légumes verts et viande ; il éliminait tous les féculents et parvenait plus ou moins à soigner certaines maladies, même des cas de rhumatismes et de goutte, là où le Dr Haigh considérait que la viande était *la seule* responsable. Le secret du régime sans féculents du Dr Catani est son effet laxatif. Il soulage, comme les laxatifs contenus dans les eaux minérales de source, mais ne soigne pas parfaitement. Vous voyez où se situe la confusion.

Le Dr S. Graham, un Américain, dont la *Physiology of Nourishment* fut à l'époque fondamentale, permit notamment d'améliorer le pain. Mais cette amélioration ne repose pas sur le fait que le pain de Graham, le pain au son ou le pain complet sont meilleurs que le pain blanc, mais qu'ils sont moins constipants. La farine blanche *fait une très bonne colle, contrairement* à celle de Graham ou la farine complète. Quelqu'un s'opposa aux théories de Graham : le Dr Densmore, un médecin anglais qui prétendait que lorsque l'on cuisait trop le son, les céréales complètes et le pain de Graham, cela provoquait une inflammation des intestins. C'est bien entendu exagéré, mais le Dr Densmore a contribué aux progrès de la diététique en encourageant la consommation de fruits et de légumes.

Le médecin allemand Lahmann, Hensel, et quelques autorités du pays, sont les fondateurs de ce que l'on peut appeler le mouvement des « sels minéraux ». Mais cela s'est avéré n'être qu'une mode, comme celle des protéines, consistant à penser que l'on pouvait retrouver la santé en bourrant le corps de sels minéraux fabriqués artificiellement tout en conservant ses mauvaises habitudes. Vous pouvez y trouver une amélioration – un soulagement – mais ne guérirez jamais parfaitement.

Dans une autre leçon, vous découvrirez comment le chimiste Ragnar Berg est parvenu à améliorer ce « système » jusqu'à un certain point. Il neutralise les aliments formateurs d'acides grâce à d'autres, riches en sels minéraux. De nos jours, parmi les végétariens en quête d'une meilleure santé, les « aliments crus » sont à la mode. Ils représentent sans conteste un grand progrès, mais les arguments défendus sont en partie faux et conduisent à des extrêmes erronés et au fanatisme.

Ils prétendent que toute cuisson détruit les valeurs nutritives, mais il serait plus exact de dire qu'une « *mauvaise* cuisson détruit les valeurs CURATIVES (l'efficacité) des aliments et peut même les rendre acidogènes. Les experts des « aliments crus » s'appuient, comme tous les autres, sur le même élément erroné : une valeur nutritive plus élevée.

Tout le bénéfice des aliments crus réside dans les fibres brutes des végétaux qui soulagent la constipation et font un excellent « balai à mucus » dans les intestins. Je ne pense pas que le corps humain assimile les « légumes à forte valeur nutritive » tels les choux-fleurs, asperges, navets, pommes de terre ou les céréales crues. Après avoir tiré parti du nettoyage mécanique des intestins, celui qui ne se nourrit que d'aliments crus finit par manquer de la substance la plus importante, le glucose ou le fructose, à moins qu'il ne consomme suffisamment de fruits.

Cette expérience est significative et instructive : faites chauffer modérément un citron durant quelques minutes et il deviendra aussi sucré qu'une orange. Du glucose se forme ; cependant, si vous le chauffez trop longtemps ou le cuisez, il devient amer. Selon le même principe, tous les légumes, lorsqu'on les cuit, transforment la quantité plus ou moins importante d'amidon qu'ils contiennent en glucose. C'est vrai des carottes, betteraves, navets, choux-fleurs, etc.

Les fruits crus et, si l'on le souhaite, les légumes verts, constituent la nourriture idéale de l'homme. Voilà le régime sans mucus. Mais en tant que système curatif, le régime sans mucus utilise les légumes crus pour leurs propriétés purifiantes, ceux cuits comme aliments et les fruits cuits au four ou à la vapeur COMME DISSOLVANT MOINS AGRESSIF pour les poisons et le mucus afin de MODÉRER L'ÉLIMINATION DANS LES CAS GRAVES. C'est l'un des principes centraux du système, un point que les fanatiques des aliments crus ignorent totalement. Manger des pommes de terre, des céréales et des tartes crues est, selon moi, *absurde* et pire que si ces aliments étaient soigneusement cuits, ce qui permet de transformer l'amidon en gluten partiellement digestible et en glucose.

LE FLETCHERISME

L'américain Horace Fletcher a développé un système diététique complet de guérison qui s'est avéré très efficace. Sa théorie consiste à consommer tous les aliments que vous souhaitez, mais en mâchant chaque bouchée durant 10 à 15 minutes. Vous pouvez ainsi manger un sandwich par jour et vous débarrasser de vos problèmes. Le secret est tout simple : il s'agit d'un jeûne camouflé. L'estomac et les intestins se reposent autant que durant un jeûne et l'élimination est déclenchée, permettant aux organes vitaux de récupérer. Mais si l'on poursuit cette cure longtemps, les intestins finissent par se constiper par manque de nourriture solide. On raconte d'ailleurs que Fletcher lui-même mourut de « troubles » sévères de ces organes.

Autre jeûne camouflé dans ses effets, le traitement de Salisbury : un petit morceau de steak et un toast par jour, et rien d'autre. Cela soulage, améliore l'état, mais ne guérit jamais complètement.

On trouve également dans le même genre la « *milk diet* » (un régime à base de lait) dont les succès partiels dans de nombreux cas interrogent même les plus grands experts du jeûne et de la diététique. En voici le secret : si vous remplacez trois repas « complets » composés d'au moins trois plats chacun par quelques litres de lait (liquide), vous éliminez une bonne partie des obstructions de la machinerie humaine (*cf.* Leçon V), vous vous sentez mieux et le corps élimine partiellement – ce qui, dans de nombreux cas, soulage les troubles. Mais tous ceux qui suivent ce régime finissent par souffrir tôt ou tard de constipation sévère car le lait est parmi les aliments générant le plus de mucus gluant.

LE RÉGIME SCHROTH

Ce régime à base d'aliments séchés mis au point par l'un des grands pionniers de la naturopathie est également, dans ses effets, un jeûne camouflé. Il consiste à ne manger que du pain sec durant trois jours, SANS RIEN BOIRE. Le quatrième jour, vous pouvez boire *à volonté* un vin léger et manger. Ce « traitement de cheval » provoque une incroyable élimination, si vous pouvez le supporter. Schroth a obtenu des résultats formidables et acquis une réputation mondiale, mais beaucoup de ses patients ayant effectué ce traitement express plusieurs fois vinrent ensuite dans mon sanatorium où je découvris que leur cœur était extrêmement fragile et que l'élasticité de leurs tissus avait été endommagée à plus ou moins grande échelle. Relisez la Leçon V, et vous en comprendrez immédiatement les raisons. J'ai utilisé une version améliorée de ce traitement dans des cas où le patient ne réagissait pas au jeûne avec boisson ou au régime sans mucus, de la manière suivante : deux ou trois jours avec rien d'autre que des fruits séchés, puis un jour avec des fruits juteux et des légumes verts. Cela entraîne une élimination très efficace, mais n'est recommandé que pour des personnes relativement « solides ».

Il existe des centaines d'autres régimes sur le « marché » et de temps à autre l'un d'entre eux devient à la mode. Des longs jeûnes aux régimes fruitariens en passant par les mixtures de diététiciens, médecins ou non, prétendument « préparées scientifiquement ». L'homme moyen pense qu'il existe un aliment ou une mixture particulière qu'il devra consommer en fonction de son mal et il essaie tout – mais en vain, tant qu'il ignore ou ne comprend pas qu'il n'existe qu'une maladie : la saleté intérieure, les déchets et les obstructions, et que ces dernières doivent et ne peuvent être éliminées – systématiquement – que par le contraire des aliments qui forment le mucus et entraînent les maladies, c'est-à-dire par

« LE SYSTÈME DE GUÉRISON PAR LE RÉGIME SANS MUCUS »,

un régime sans mucus, composé de fruits et herbes, c'est-à-dire de légumes verts, qui « n'est plus à la mode » depuis l'époque de Moïse, ce grand diététicien et jeûneur (*cf.* la Genèse).

Leçon XIII

Les erreurs de la diététique
(3e partie)

Après cette critique sévère de toutes les principales diététiques, je dois reconnaître que toutes contiennent, et ont apporté, des bienfaits considérables au développement de la solution diététique face au problème de l'alimentation et de la guérison des maladies par les régimes.

Si l'on observe leur développement sur les vingt-cinq dernières années, un fait demeure : avec les progrès de la chimie, les experts médicaux sont arrivés à la conclusion suivante : « Nous connaissons exactement tous les éléments contenus dans le corps humain et savons par conséquent ce qu'il faut manger pour le fabriquer, pour remplacer les cellules usées et générer vitalité, efficacité, force et chaleur. »

Dans les leçons précédentes, je vous ai appris que ces « conclusions » étaient erronées et qu'elles avaient engendré la mode des « protéines » et, plus tard, celle des « sels minéraux » et, aujourd'hui, la toute dernière manie, celle des « aliments crus ». Ignorant la « grande inconnue », leurs conclusions ne peuvent qu'être fausses. Cette « grande inconnue » – inconnue pour les chimistes et experts médicaux, pour l'homme moyen et celui en quête de bonne santé, pour le diététicien profane, pour le système diététique général en vogue de nos jours – cette « grande inconnue » est « O » dans ma formule, « V » égale « P » moins « O » (les déchets, le mucus, les acides et les poisons), les

OBSTRUCTIONS ou « O »

que l'on trouve dans le corps malade, mais aussi dans celui que l'on dit en « bonne santé ».

En d'autres termes, si l'alimentation pouvait se représenter par des formules chimiques mathématiques vous indiquant exactement quoi manger, vous seriez tout de même leurré par la nature aussi longtemps que cette nourriture idéale serait mélangée et incorporée à ces déchets de mucus et d'acides présents dans le corps humain après des années de mauvaise alimentation. La nature *vous* trompe tant que vous ne reconnaissez pas ses faits et vérités, mais elle-même ne se leurre pas. Pour le profane, les aliments crus engendrent des réactions plus ou moins mystérieuses tant qu'ils sont mélangés avec le mucus, qu'ils l'agitent – ainsi que la toxémie – dans un corps impur et malade et qu'ils éliminent ces poisons. Tous, aussi bien profanes qu'experts de toutes les branches de la diététique jusqu'à nos jours sont déconcertés, confus et totalement ignorants du fait que l'état de l'homme moyen *commence par empirer* (il développe parfois des furoncles et toutes sortes de lésions, des « troubles » pouvant aller jusqu'à « l'indigestion ») lorsqu'il débute ce qu'il pense être la diète la plus juste et la meilleure, ne vivant que de fruits, d'aliments crus ou sans mucus.

« Dites-moi quoi manger, se plaint le malade. Je veux des menus quotidiens adaptés à ma maladie » (un peu comme une prescription médicamenteuse), et il considère que cela est suffisant. Lorsque l'élimination démarre, il dit : « Ces aliments ne me conviennent pas », au lieu de reconnaître que le régime de transition a déjà commencé à dissoudre et à évacuer de manière modérée les anciens déchets du corps – ce qui, bien sûr, provoque quelques perturbations. Vous devez alors lui faire réaliser qu'il est nécessaire qu'il s'accommode de ces désagréments temporaires et se considère chanceux de pouvoir continuer à assumer son travail quotidien au lieu de subir une opération qui signifierait des mois d'hospitalisation. Ces aliments lui conviennent, c'est lui qui ne leur convient pas.

Vous comprenez peut-être désormais pourquoi le « régime sans mucus » est un système dans lequel chaque changement alimentaire est effectué à certaines fins – un régime curatif doit systématiquement être adapté à la situation du patient.

Vous voyez maintenant pourquoi et en quelle mesure je diffère de tous les autres. Le « système de guérison par le régime sans mucus » n'est pas une collection de différents menus pour chaque maladie ; ce ne sont pas des combinaisons « toutes faites » d'aliments de qualité et nutritifs ; ce n'est ni une prescription médicale ni une compilation de régimes standards valables pour chaque maladie. C'est un système de changements et d'améliorations diététiques – un système d'élimination diététique des matières pathogènes, des déchets, du mucus et des poisons ; un système consistant à modifier et améliorer son alimentation pour en faire celle de la guérison vers, et jusqu'à, la nourriture idéale et naturelle de l'homme – DES FRUITS UNIQUEMENT – ou des fruits et légumes verts – LE RÉGIME SANS MUCUS.

Voilà pourquoi il s'agit toujours d'une méthode personnellement supervisée et pour chaque cas différente, modifiée, scientifique, systématique et progressive afin de « croquer votre santé à pleines dents » – une méthode que l'on peut combiner, en cas de nécessité, avec des jeûnes plus ou moins longs.

C'est un processus *par lequel doit passer chaque malade* s'il veut être parfaitement guéri. C'est un processus diététique exclusif de « soin et de guérison, de reconstruction et de régénération » basé sur l'utilisation d'aliments sans danger et naturels pour l'homme, « inventés » et disposés biologiquement par le Créateur dans la « Genèse » –

« LES FRUITS ET LES HERBES » OU « LE RÉGIME SANS MUCUS ».

Leçon XIV

Tableau des valeurs nutritives de Ragnar Berg

Vous comprenez maintenant que le problème de la diététique ne se résout pas comme le croit l'homme moyen, en sachant simplement quels sont les meilleurs aliments et lesquels constituent le régime sans mucus. Je vous ai enseigné dans les précédentes leçons des connaissances que les autres ignorent – ce qui se produit et doit se produire dans le corps humain lorsqu'un homme malade ne mange que les « meilleurs aliments » ou entreprend un long jeûne. Vous découvrirez plus tard comment cette agitation et élimination du mucus par les « bons aliments » et le jeûne peuvent et doivent être contrôlés par vous-même ainsi que par votre médecin traitant ou diététicien.

Vous voyez désormais à quel point il est inutile et néfaste pour celui qui recherche la santé de bourrer chaque jour son estomac d'affreux mélanges de « bons aliments », ou « d'aliments crus » (en pensant que ces derniers suffiront), sans aucun plan ou système ; et sans tenir compte de sa maladie et de son état mental ou physique.

En dépit de mon antipathie à l'encontre des « suiveurs de modes », je vous propose maintenant un tableau élaboré par l'un des meilleurs experts de physiologie chimique, Ragnar Berg, du laboratoire spécialisé de recherche alimentaire du sanatorium du Dr Lahmann en Allemagne.

Voici les déductions de Berg :

vous devez manger autant d'aliments contenant des sels minéraux et de l'alcaline et ne produisant pas d'acide que possible pour bloquer, neutraliser et compenser les acides néfastes contenus dans les autres aliments qui composent les menus quotidiens de l'homme moyen. En d'autres termes, si vous voulez manger de la viande, des œufs, des noix, du lait ou des féculents, vous devez manger des fruits et légumes verts pour être en bonne santé. Il est surprenant de constater que la majorité des aliments qu'il désigne comme « formateurs d'acides », je le nomme « formateurs de mucus », et que ceux qu'ils qualifient de « neutralisateurs d'acides » sont presque exactement les mêmes que mes aliments « sans mucus ».

Ses tableaux sont sans aucun doute les meilleurs qui existent et leurs valeurs nous apportent la connaissance des bonnes et mauvaises caractéristiques de chaque aliment en pourcentages. Il les nomme propriétés positives et négatives. Vous serez peut-être encore plus surpris de constater qu'il confirme et démontre par des analyses scientifiques que ma classification des aliments néfastes, formateurs de mucus, et des aliments du régime sans mucus est exacte et scientifiquement parfaite ! Il prouve ce que j'avais découvert il y a longtemps, que chaque aliment qui produit du mucus lorsqu'il se décompose dans le système produit également des acides. Il faut aussi souligner un fait important pour nous : ses découvertes à propos des engrais et des conséquences de la cuisson habituelle des aliments.

La fertilisation traditionnelle par les excréments animaux et humains, ou même par trop de minéraux – sulfate d'ammonium –, de superphosphates et l'irrigation intensive transforment les propriétés de positives en négatives, ou réduisent au moins les bonnes qualités. Les engrais ont l'avantage de donner un bel aspect aux légumes, en les rendant gros et lourds, et ainsi de garantir un bon prix de vente. Le consommateur paie plus cher des denrées qui sont vraiment néfastes.

La même chose arrive lorsque l'on cuit mal les aliments dans trop d'eau – les bonnes propriétés partent dans l'eau et le cuisinier moderne jette ces bons sels minéraux.

Les engrais étant bien plus présents en Europe qu'ici, vous comprendrez facilement pourquoi les légumes, notamment ceux dont la croissance rapide est stimulée par les engrais tels les asperges, les choux, les choux-fleurs, etc., possèdent des qualités inférieures à celles que l'on peut leur trouver ici.

Voici ce qu'indique Berg pour expliquer son tableau :

« Parmi toutes les méthodes qui transforment les aliments sains en poisons, on compte le sulfurage des fruits séchés à l'aide de benzoate de sodium ou d'acide salicylique (tous deux de puissants poisons) afin d'empêcher la fermentation des aliments en conserve. La méthode la plus dangereuse est d'utiliser les vapeurs d'acide sulfurique. »

Pouvez-vous imaginer à quel point les gens sont trompés par l'apparence des gros fruits et des splendides légumes – de beaux aliments bien brillants, pleins de sulfure.

« Les Américains mangent avec les yeux, déclare le Dr Harry Ellington Brook, préférant du pain blanc comme neige, dépourvu de toutes qualités nutritives par le broyage de tous ses sels minéraux. » Cet aliment est parmi les plus négatifs dans le tableau de Berg. Lorsqu'en plus on le vend dans de belles boîtes cartonnées coûteuses et tape-à-l'œil, le consommateur le considère comme encore meilleur et il est prêt à le payer plus cher, ne se figurant pas qu'il est en train de

« croquer la mort à pleines dents » avec ces « aliments parfaitement combinés » du commerce moderne.

L'analyse des bonnes et mauvaises propriétés présentées par des pourcentages dans le tableau de Ragnar Berg nous montre la quantité d'acides produits par un aliment (et dans le même temps la quantité de mucus) et le pourcentage de sels minéraux de type alcaline nécessaire à les neutraliser.

De mon point de vue, vous pouvez y voir les qualités en pourcentages d'un aliment pour agiter, dissoudre, neutraliser et éliminer le mucus et ses affreux empoisonnements par les acides stockés dans le système depuis l'enfance.

Ce tableau fut publié en Allemagne dix ans après que j'ai enseigné ma « théorie du mucus » dans la maladie et les qualités des aliments, et Berg a inconsciemment apporté la preuve scientifique qu'elle était EXACTE.

Le simple fait que certains aliments cités dans la liste soient « neutralisateurs » d'acides ne signifie par forcément que j'approuve leur consommation. Cette liste n'est qu'une comparaison et doit être prise pour ce qu'elle vaut. Il est indubitable que si l'on presse un citron sur du poisson ou mange une bonne portion de légumes neutralisateurs d'acides en même temps que des aliments acidogènes, l'effet négatif de ces derniers est partiellement atténué.

Plus les qualités « neutralisatrices d'acide » d'un aliment sont élevées, plus il facilitera l'élimination de mucus. Le radis noir lorsque c'est la saison, les épinards, le pissenlit et l'aneth constituent d'excellents abrasifs internes.

Voici le tableau de Berg :

NOM DE L'ALIMENT	PLUS OU NEUTRALISATEUR D'ACIDES	MOINS OU FORMATEUR D'ACIDES
VIANDES		
Sang animal	5,49	
Viande (bœuf)		38,61
Veau		22,95
Mouton		20,30
Porc		12,47
Jambon fumé		6,95
Bacon		9,90
Lapin		22,36
Poulet		24,32
Langue de bœuf		10,60
POISSONS		
Poissons blancs		2,75
Fruits de mer		19,52
Saumon		8,32
Huîtres	10,25	
Harengs saurs		17,35
Œufs, entiers		11,61
Œufs, blanc		8,27
Œufs, jaune		51,83

NOM DE L'ALIMENT	PLUS OU NEUTRALISATEUR D'ACIDES	MOINS OU FORMATEUR D'ACIDES
LAIT		
Lait humain	2,25	
Lait de brebis	3,27	
Lait de chèvre	0,65	
Lait de vache	1,69	
Lait écrémé	4,89	
Babeurre	1,31	
Crème	2,66	
Beurre de vache		4,33
Margarine		7,31
Saindoux		4,33
Gruyère		17,49
CÉRÉALES		
Blé raffiné		8,32
Blé complet		2,66
Farine		10,00
Orge		10,58
Avoine		10,58
Seigle		11,31
Riz brun		3,18
Riz poli		17,96
Pumpernickel	4,28	
Pain noir		8,54
Pain blanc		10,99
Pain de Graham		6,13
Biscottes		10,41
Gâteaux (contenant de la farine blanche)		12,31
Macaroni		5,11

NOM DE L'ALIMENT	PLUS OU NEUTRALISATEUR D'ACIDES	MOINS OU FORMATEUR D'ACIDES
TUBERCULES		
Pommes de terre	5,90	
Patates douces	10,31	
Céleri-rave	11,33	
Betteraves rouges	11,37	
Navets blancs	10,80	
Betterave à sucre	9,37	
Radis noirs, avec la peau	39,40	
Raifort, avec la peau	3,06	
Radis rose	6,05	
Chou	4,02	
Chou rouge	2,20	
Endives	14,51	
Cœur de laitue	14,12	
Rhubarbe	8,93	
Épinards	28,01	
Asperges	1,01	
Artichaut	4,31	
Chicorée	2,33	
Tomates	13,67	
Citrouilles	0,28	
Pastèque	1,83	
Concombres	13,50	
Oignon rouge	1,09	
Chou rave	5,99	
Chou-fleur	3,04	
Choux de Bruxelles (avec engrais)		13,15
Pissenlits	17,52	
Aneth	18,36	

NOM DE L'ALIMENT	PLUS OU NEUTRALISATEUR D'ACIDES	MOINS OU FORMATEUR D'ACIDES
Poireaux	11,00	
Cresson	4,98	
Haricots verts (frais)	8,71	
Petits pois (jeunes, frais)	5,15	
Pois secs		3,41
Haricots secs		9,70
Lentilles		17,80
FRUITS		
Pommes	1,38	
Poires	3,26	
Prunes	5,80	
Abricots	4,79	
Pêches	5,40	
Cerises	2,57	
Cerises aigres	4,33	
Cerises douces	2,66	
Dattes séchées	5,50	
Figues	27,81	
Raisin	7,15	
Raisins secs	15,10	
Framboises	5,19	
Oranges	9,61	
Citrons	9,90	
Grenade	4,15	
Ananas	3,59	
Banane	4,38	
Olives	30,56	
Pruneaux	5,80	
Fraises	1,76	

NOM DE L'ALIMENT	PLUS OU NEUTRALISATEUR D'ACIDES	MOINS OU FORMATEUR D'ACIDES
Groseilles	4,43	
Mûres	7,14	
Tangerines	11,77	
NOIX		
Noix		9,22
Noix de coco	4,09	
Noisettes		2,08
Cacahuètes		16,39
Amandes		2,19
Châtaignes		9,62
GRAINES		
Soja	26,58	
Farine de seigle		0,72
Farine d'avoine		8,08
Flocons d'avoine		20,71
Canne à sucre	14,57	
Sucre candi	18,21	
BOISSONS		
Cacao		4,79
Chocolat		8,10
Feuilles de thé	53,50	
Café	5,60	
Racines de chicorée	7,17	
Bière		0,28
Bière brune	2,05	
Bière blonde	3,37	
Jus de raisin	5,16	
Vin	0,59	
Vin blanc de Californie	1,21	
Vin de xérès	0,51	

LEÇON XV

Le régime de transition

Dans les leçons précédentes, je vous ai enseigné quels étaient les meilleurs aliments, les mauvais et les pires. Vous connaissez les faits exacts qui se produisent dans le système ainsi que leurs raisons – ce qui se passe aussi bien avec les bons qu'avec les mauvais aliments dans le corps. Vous avez découvert que même les meilleurs aliments, ceux aux plus grandes propriétés curatives, peuvent devenir nocifs et même dangereux les premiers temps, si on ne les utilise pas correctement ; qu'ils se mélangent au mucus crasseux et aux poisons qu'ils libèrent dans le corps et qu'ils sont donc eux-mêmes empoisonnés et entrent ainsi dans la circulation sanguine.

La nature agit progressivement par des changements, des développements et des accomplissements évolutifs et progressifs et non par des catastrophes. *Rien n'est plus faux* que de croire qu'une maladie chronique datant de plusieurs décennies peut être soignée *par un très long jeûne*, ou un régime fruitarien strict sans transition. « Les moulins de la nature moulent lentement mais sûrement. »

Outre mes trente ans d'expérience, durant lesquels j'ai soigné majoritairement les cas les plus graves de toutes sortes de maladies, j'ai eu la preuve qu'un RÉGIME DE TRANSITION soigneusement établi et progressif était le meilleur moyen, et le plus sûr, de débuter un traitement, tout particulièrement pour l'omnivore moyen. Tant que l'on continue à utiliser de mauvais aliments (les aliments de la civilisation), je le nomme RÉGIME FAIBLE EN MUCUS. La transition signifie le passage progressif d'aliments producteurs de mucus à d'autres curatifs, que je nomme plus tard le RÉGIME SANS MUCUS.

La vitesse d'élimination dépend de la quantité et de la qualité des aliments, et peut donc être contrôlée et régulée en fonction de l'état du patient. La pire des habitudes, et la plus malsaine, est sans conteste celle du PETIT-DEJEUNER COPIEUX. Pour obtenir les meilleurs résultats, il ne faudrait pas du tout consommer d'aliments solides tôt le matin. Il peut être acceptable de prendre la boisson à laquelle vous êtes habitué, mais rien d'autre. Si cela vous semble difficile les premiers temps, vous pouvez boire à nouveau un peu plus tard afin d'avoir quand même l'estomac vide au déjeuner. C'est d'une importance capitale, et d'ailleurs *plusieurs maladies bénignes peuvent être soignées* uniquement grâce à cette cure SANS PETIT-DEJEUNER (vous en découvrirez plus à ce sujet dans les chapitres sur le jeûne, Leçons XVII à XX).

Il vaut mieux ne consommer que deux repas par jour, même si leurs quantités équivalent à celles de trois ou quatre. Plus tard, lorsque l'estomac est propre, vous pouvez manger une petite assiette de fruits de saison pour le petit-déjeuner si vous le souhaitez. Si possible, le premier repas, le déjeuner, devrait être pris entre dix et onze heures du matin et le dîner pas avant cinq ou six heures du soir. La SIMPLICITÉ est une autre règle très importante lorsqu'on mange pour la santé : en d'autres termes, ne mélangez pas trop de types d'aliments dans un repas. Totalisez les différents éléments de vos repas d'aujourd'hui et vous serez surpris du nombre obtenu.

NE BUVEZ JAMAIS DURANT UN REPAS. Si vous êtes habitué au thé ou au café, *attendez quelque temps après avoir mangé* avant d'en boire. Il faut également éviter les soupes durant les repas, car plus la quantité de liquides est importante, plus la digestion est difficile. Si vous désirez une boisson chaude, par exemple comme petit-déjeuner durant la saison hivernale, faites un bouillon en cuisant longuement différentes sortes de légumes tels des épinards, des oignons, des carottes, des choux, etc. et NE BUVEZ QUE LE JUS.

Menus pour les deux premières semaines

DÉJEUNER : une salade composée, constituée de carottes râpées crues, de chou ou des deux à parts égales et deux ou trois cuillérées d'un légume mijoté ou en conserve, comme des petits pois, des haricots verts ou des épinards. Ajoutez-y l'un des éléments suivants (selon la saison) : concombres, tomates, ciboules, laitue ou un autre légume vert, céleri, etc., mais juste en quantité suffisante pour donner du goût.

Si vous le souhaitez, vous pouvez assaisonner avec de l'huile et du jus de citron en remplacement du vinaigre – encore une fois, juste pour le goût. Le reste du repas devrait être constitué d'un légume cuit au four ou mijoté comme du chou-fleur, des betteraves, des panais, des navets, des courges, etc. Si vous avez encore faim, vous pouvez manger une petite pomme de terre au four ou une tranche de pain de son ou de pain complet grillée. Les graisses de toutes sortes, y compris le beurre ordinaire, ne sont pas naturelles et ne doivent donc pas être consommées. Cependant, si vous en avez vraiment envie, mieux vaut utiliser du beurre de cacahuète ou d'une autre noix sur votre pain.

Durant les mois d'hiver, vous pouvez consommer des légumes en conserve en remplacement des légumes frais. Buvez le jus séparément le matin et mélangez les petits pois, haricots verts ou épinards avec la base de salade décrite plus haut ou des choux ou carottes. Le but de ce menu est de fournir le « balai » qui sera un moyen mécanique de nettoyer les voies digestives par des portions de légumes verts crus, mijotés ou au four. On pourrait appeler cela la « salade composée traditionnelle d'Ehret », le « balai intestinal » dont on parle si souvent et qui est si nécessaire à une élimination efficace des poisons stockés, désormais libérés durant ce grand nettoyage du corps.

DÎNER : mélangez à parts égales un fruit mijoté comme de la compote de pommes, des abricots, pêches ou pruneaux secs avec du fromage frais ou des bananes très mûres écrasées et sucrez selon vos goûts avec du sucre roux ou du miel.

Les bananes conviennent mieux à des estomacs qui ne comportent par trop de mucus ou d'acides.

DÉJEUNER : commencez par une pomme au four, de la compote ou un autre fruit sec mijoté. Après dix ou quinze minutes, passez à une salade composée comme celle décrite dans le premier menu et une tranche de pain au son ou de pain complet grillée si vous avez toujours faim. Le beurre de vache doit graduellement être supprimé et remplacé par un beurre de noix ou végétal durant le régime de transition. Si on laisse les légumes cuits reposer sur la salade durant dix ou quinze minutes, cela fait office de sauce.

DÎNER : un légume cuit au four ou mijoté comme ceux suggérés dans le premier menu, suivi d'une salade de légumes composée de laitue et de concombres, de céleri cru ou d'un peu de chou.

Menus pour les semaines 3 et 4

DÉJEUNER : si c'est l'été, ce repas ne devrait être composé que de fruits – et d'une seule sorte. En hiver, un fruit séché sucré, comme les pruneaux, les figues, les raisins ou les dates, consommé avec des pommes ou des oranges, ou bien mâché avec quelques noix, puis suivi de fruits frais. Si vous avez du mal à vous en satisfaire au départ, attendez dix à quinze minutes puis mangez quelques feuilles de laitue ou un légume froid, cuit ou cru, *mais en petite quantité*.

DÎNER : une salade composée comme celle suggérée dans le premier menu, suivie d'un légume cuit.

Menus pour les semaines 5 et 6

DÉJEUNER : des fruits comme dans le menu précédent.

DÎNER : commencez par manger des fruits, cuits au four, mijotés ou frais, suivis un peu plus tard par un légume cuit froid ou, mieux encore, une salade de légumes.

Si vous trouvez que vous perdez trop rapidement du poids, ralentissez l'élimination en mangeant du pain ou des pommes de terre après les légumes. Si vous avez, les premiers temps, une trop grande envie de viande, un désir récurrent auquel vous ne pouvez pas résister, ne mangez ce jour-là que des légumes et PAS DE FRUITS.

Un mystère résolu

La raison pour laquelle les docteurs et même les naturopathes, ainsi que les profanes ne croient par aux régimes FRUITARIEN ou SANS MUCUS est toute simple : qui s'essaie *sans expérience* à ce régime curatif, qu'il se sente bien portant ou non, perd la foi immédiatement dès qu'il est victime d'une crise et croit être tombé « grièvement malade », lorsqu'un jour de grande élimination survient, jour durant lequel une grande quantité de déchets dissous, de débris, de mucus et autres poisons sont relâchés dans la circulation. Cela produit dans le même temps un désir puissant, presque irrésistible, de mauvais aliments et, aussi curieux que cela puisse paraître, tout particulièrement pour ce qui était son aliment favori. Cela s'explique par le fait que la nature est en train d'éliminer à travers la circulation les déchets de ces aliments, ce qui entraîne donc ce désir naturel.

Voilà pourquoi il est extrêmement important que chaque repas d'un régime curatif et purifiant *quitte le corps* aussi vite que possible. S'ils se mélangent avec ces poisons dissous et libérés, ils engendrent ces situations « inconfortables » – un fait qui n'avait jusque-là jamais été pleinement compris ou expliqué.

Il est des aliments qui s'avèrent plus laxatifs sous certaines conditions. *C'est pourquoi vous devez consommer les aliments qui se sont avérés les plus laxatifs pour votre propre corps.* Si vous n'allez pas régulièrement à la selle avant le coucher, facilitez toujours l'élimination à l'aide d'un lavement, d'un laxatif ou des deux. Un laxatif naturel dont vous constaterez certainement l'efficacité consiste à manger quelques pruneaux avant les autres fruits.

J'ai également perfectionné ce mélange de plantes sans danger qui constitue le meilleur balai intestinal et régulateur de transit connu et qui sera une formidable aide à l'élimination que vous pourrez utiliser durant la période de transition jusqu'à ce que les intestins soient nettoyés des anciens déchets gluants et qu'ils puissent fonctionner librement avec votre nouvelle alimentation.

Formule du « balai intestinal » du Pr Ehret

Les proportions sont exprimées en « doses » afin que vous puissiez préparer les quantités désirées.

Remarque : ces herbes sont assez répandues et vous devriez pouvoir vous les procurer dans des magasins de diététique.

- 6 doses de FEUILLES DE SÉNÉ broyées
- 3 doses d'ÉCORCE DE NERPRUN broyée
- 1 dose de BALLES DE GRAINES DE PSYLLIUM broyées
- ⅒ dose d'ÉCORCE DE RACINES DE SASSAFRAS en poudre
- ½ dose de GRAINES DE BADIANE broyées
- ⅒ dose de FEUILLES DE BUCHU broyées
- ½ dose de GRAINES DE PSYLLIUM BLOND broyées
- ⅛ dose de CARRAGÉNINE en poudre
- ⅛ dose d'AGAR-AGAR en granules
- ½ dose de GRAINES DE FENOUIL broyées

Mélangez soigneusement les trois premiers ingrédients. Faites ensuite de même pour les sept autres et ajoutez-les au mélange. Si vous possédez un robot, ce sera un outil idéal pour préparer cette formule.

Le « balai intestinal » est simple à utiliser. Il suffit généralement pour un adulte d'une petite quantité, environ une demi-cuillère à café, voire moins, avalée avec un grand verre d'eau. On peut augmenter ou diminuer les doses selon ses propres réactions.

Voici d'autres utilisations possibles : saupoudrez sur une salade ou faites bouillir comme du thé. Mettez une demi-cuillère à café pour une tasse d'eau, ôtez du feu et laissez reposer dix à quinze minutes. Le goût est fascinant.

Leçon XVI

Le régime de transition
(2e partie)

Recettes spéciales de transition

Étant connu en tant « qu'expert des régimes », on me demande constamment d'écrire un « livre de régime » ou, au moins, un recueil de combinaisons alimentaires, de recettes sans mucus et de menus.

De nombreux volumes ont déjà été publiés par foule de diététiciens, et on les trouve en vente à des prix allant de 1 à 10 $. Ils les nomment « régimes scientifiques », mais pas un seul n'est en accord avec la nature, telle que l'on peut l'observer dans le règne animal, qui préconise la SIMPLICITÉ, *sans le moindre mélange*.

Je me dois de vous rappeler à nouveau que le bétail, par exemple, lorsqu'il est dans la nature, se nourrit exclusivement d'herbe durant toute sa vie. Lorsqu'il se nourrit, aucun animal ne mélange différents aliments ou même ne boit entre deux bouchées, à l'exception peut-être des animaux domestiques que l'homme a transformés en omnivores.

La méthode idéale, et à la fois la plus naturelle, pour l'homme de s'alimenter est de consommer une variété de fruits frais de saison, et vous remarquerez après avoir vécu quelque temps du régime de transition que vous serez plus satisfait et en réalité mieux nourri avec un type de fruits qu'avec les mixtures scientifiques de toutes sortes ou des aliments préparés. Mais cette condition ne peut bien sûr survenir que lorsque le corps est parfaitement propre.

Durant le régime de transition, j'utilise des associations et mélanges d'aliments préparés à partir de denrées cuites à la vapeur ou au four pour des raisons techniques afin que le processus de guérison soit mené intelligemment, systématiquement et sous contrôle.

Fruits et légumes

Mon expérience m'a appris que seuls les céleris, laitues, carottes et betteraves *crus* se mélangent correctement avec les fruits. En général, mieux vaut ne pas utiliser plus de trois légumes dans un même mélange. Choisissez toujours un aliment prédominant qui servira de base.

Si vous avez des maux de ventre ou si votre estomac contient des acides et du mucus, choisissez des menus contenant plus de légumes et très peu de fruits. Pour un estomac en meilleure santé ou dans la norme, préférez les fruits aux légumes. Voici des exemples :

1. POUR ESTOMAC EN MOINS BONNE SANTÉ : utilisez comme base 2/3 de carottes crues râpées – ou bien du céleri ou des betteraves, mais les carottes sont préférables. Ajoutez 1/3 de bananes très mûres en tranches fines et quelques raisins secs ou des figues séchées en petits morceaux. Pas de noix ni de céréales. NE MÉLANGEZ JAMAIS LES NOIX AVEC LES FRUITS FRAIS.

2. POUR UN ESTOMAC EN MEILLEURE SANTÉ : prenez pour base 2/3 de pommes coupées ou râpées, 1/3 de carottes mixées (ou du céleri ou des betteraves). Pour améliorer l'efficacité de cette combinaison dans ses fonctions dissolvantes et éliminatrices, ajoutez plus de raisins secs, de figues séchées découpées, de miel ou de la gelée de fruits.

Les acides de fruits dissolvent les déchets et forment des gaz ; le fructose fermente dans les déchets et les agite, formant également des gaz. Tout cela entraîne l'élimination, et c'est pour cette raison que *cela peut être dangereux* s'ils agissent de manière trop intensive. Il est donc conseillé d'utiliser plus fréquemment des légumes crus comme « balai ». Pour les mêmes raisons, commencez par des fruits cuits, ou faites au moins moitié-moitié. Par exemple, moitié pommes râpées crues (avec la peau) et moitié compote, sucrée avec du miel.

Un substitut à un « repas complet »

Avant une crise, pendant ou juste après, ou pour satisfaire une envie de mauvais aliments particulièrement riches en graisses, vous pouvez manger ceci de temps en temps. Même si c'est trop riche, c'est bien moins nocif qu'un repas complet et vous trouverez certainement cela très agréable :

Prenez de la noix de coco râpée, mélangée à de la compote de pommes, des prunes cuites ou des abricots sucrés.

Des bananes très mûres, ou cuites si elles ne le sont pas assez, vous satisferont lorsque vous vous sentez inhabituellement « affamé ».

D'autres sortes de noix râpées ou du beurre de noisettes peuvent être consommés occasionnellement à cette fin, mais ils sont trop riches en protéines et si l'on en consomme continuellement, ils produiront du mucus et de l'acide urique.

Des légumes « cuits » améliorés

Il ne faudrait consommer qu'un seul type de légumes cuits par repas. On peut le manger chaud ou froid, et le mélanger avec de la salade verte ou des légumes crus.

Si l'on fait lentement étuver dans très peu d'eau ou, mieux encore, cuire au four les choux, carottes, navets, choux-fleurs, oignons, etc., ils deviennent plus doux, ce qui prouve que les glucides se transforment quasiment en glucose et que les sels minéraux ne sont ni détruits ni extraits. Il s'agit d'une amélioration.

En hiver, vous pouvez utiliser des aliments en conserve. Je ne suis pas du même avis que les « fanatiques » des aliments crus, car la valeur nutritionnelle n'a pas d'importance dans un régime curatif. Il est plus important que le patient apprécie son régime de transition jusqu'à ce que ses goûts et son état se soient améliorés.

Les recettes spéciales pour éliminer le mucus

1. Les raisins secs et les figues ou noix, mastiqués longuement *en même temps* que de la ciboule crue. Afin d'obtenir les meilleurs résultats possibles, ceux-ci ne doivent pas être consommés séparément.
2. Du raifort râpé mélangé avec du miel. Laissez reposer le mélange afin de faire disparaître l'âcreté. Le miel ne sert qu'à la pallier. Faites 2/3 raifort, 1/3 miel, ou ajustez selon vos goûts. Les radis, particulièrement le noir, peuvent être utilisés de la même manière, ou finement tranchés et mangés seuls en salade. Pour les tuberculeux qui toussent sans rejets, administrer une cuillérée à soupe de

temps à autre. Les radis contiennent une quantité surprenante de sels minéraux, et tout spécialement les noirs.

Recette spéciale pour dissoudre le mucus durci et les acides uriques

La recette qui suit m'a permis de soigner une femme qui, après six ans de paralysie, recouvra un état totalement normal, alors que le jeûne et le régime sans mucus n'étaient pas parvenus à la faire se rétablir. Un estomac rempli de mucus les empêche de faire leur effet. Voici la recette : prenez le jus et la pulpe de quatre citrons. Râpez et pelez un citron et mélangez-le avec le jus. Sucrez avec du miel, du sucre roux ou de la gelée de fruits, selon vos goûts. Il s'agit de rendre la mixture moins acide et amère.

Les sauces

C'est vraiment une question de goûts personnels. Une bonne salade avec de l'huile d'olive ou du jus de citron, selon vos goûts, est à la fois simple et bonne. Autre recette simple, une cuillère à soupe de beurre de cacahuète ou de noisettes dissous dans de l'eau et un peu de jus de citron. Ajoutez de la ciboule finement hachée si vous le désirez. Une mayonnaise faite maison, avec du citron au lieu du vinaigre, n'est pas trop néfaste durant le régime de transition et peu être consommée si vous le souhaitez. De la sauce tomate ou une bonne soupe de tomates en conserve peut être mélangée à la sauce pour vous aider à apprécier le « régime de transition ».

Les boissons

Même si vous n'utilisez plus de sel de table, vous aurez parfois très soif durant votre régime de transition à cause du mucus et des restes d'aliments non naturels décomposés et consommés avec du sel au cours de votre ancienne vie qui reviennent dans votre circulation et sont extrêmement salés. Vous souffrirez alors d'une soif non naturelle. Une limonade légère avec un peu de miel ou de sucre roux l'étanchera bien mieux que de l'eau.

Le jus de n'importe quel fruit acide ou acidulé fait une bonne boisson, et la meilleure est le cidre doux, à condition qu'il ne soit pas trop sucré. En outre, de la chicorée ou même un vrai et léger café peuvent être consommés durant le régime de transition si vous y étiez habitués.

Supplément aux menus du régime de transition et associations

Le « menu type » d'une journée dans mon sanatorium, en dehors des prescriptions particulières pour les patients suivant un traitement personnel, était composé de la sorte :

- PETIT DÉJEUNER : une boisson ;
- DÉJEUNER : une ou deux sortes de fruits ;
- DÎNER : des légumes sans mucus ou pauvres en mucus.

Ce régime permet à l'homme moyen, que l'on ne considère pas comme malade, de se retrouver rapidement en meilleure santé. Des troubles légers peuvent se manifester d'une manière ou d'une autre, mais les vieilles maladies « chroniques » ou sévères, principalement provoquées par l'empoissonnement du corps par les médicaments, doivent être traitées systématiquement par des menus quotidiens prescrits individuellement, continuellement modifiés pour « accélérer ou ralentir le processus » en fonction de l'état du patient.

La *guérison par le régime sans mucus* n'est PAS une propagande comme le végétarisme ou le mouvement des aliments crus ; c'est un TRAITEMENT ALIMENTAIRE clinique qui doit être étudié, dispensé intelligemment et prescrit individuellement, comme pour tous les traitements et méthodes de guérison sans médicaments.

Ce régime soigne toute maladie que l'on peut guérir, car tous les aliments qui produisent des maladies sont finalement éliminés des menus et que les nouveaux libèrent, agitent, retirent et éliminent, nettoient, soignent et guérissent le corps.

Vous fabriquez une nouvelle et, pour la première fois de votre vie, parfaite composition sanguine telle que nous la définirons dans la leçon suivante. Ce nouveau sang élimine définitivement et infailliblement toute particule de maladie même celles que votre médecin n'est pas parvenu à localiser (*cf.* Leçons III et IV).

La fonction de guérison, « l'opération sans scalpel », le nettoyage, le processus d'élimination débute presque immédiatement et doit impérativement être mené, contrôlé et supervisé durant des semaines et même des mois afin d'assurer de bons résultats. Les connaissances contenues dans ces leçons sont suffisantes pour que celui qui les étudie puisse superviser son propre cas convenablement.

Les menus, combinaisons, mixtures et recettes sont des ajustements thérapeutiques qui renforcent les capacités d'autoguérison du corps, que l'on nomme maladie, et ne les suppriment ou ne les bloquent pas comme le font les médicaments.

Le patient moyen s'attend à ce que le bon régime fasse effet immédiatement, d'où la forte demande de menus et mixtures curatifs. Même les meilleurs médecins imaginent que quelques menus et associations sont, d'un jour à l'autre, les seules connaissances nécessaires.

Ils ignorent encore la vérité que vous avez découverte dans les précédentes leçons, que la physiologie et la pathologie sont fondamentalement dans l'erreur, que toutes les idées de nos jours sur la nourriture et l'alimentation sont entièrement fausses et diamétralement opposées à la vérité. Ils n'ont donc pas la moindre idée de ce qui se produit, et doit se produire, dans le système humain si, pour la première fois dans la vie du patient, des déchets et poisons vieux de plusieurs décennies sont agités et doivent être éliminés par la circulation.

Vous devez comprendre et percevoir que vous démarrez une révolution, une régénération et un rajeunissement entièrement nouveaux et parfaits de votre corps lorsque vous changez ainsi d'alimentation, et cela ne peut se faire en quelques jours simplement en mangeant de bons menus et mixtures.

Recettes pauvres en mucus

Si quelques féculents sont consommés après un repas, on peut parler de RÉGIME FAIBLE EN MUCUS.

Mais on peut les rendre moins néfastes en détruisant ou neutralisant plus ou moins les propriétés gluantes de l'amidon pâteux. Plus les pommes de terre sont cuites, mieux c'est. Les toasts bien grillés sont les meilleurs.

Les céréales crues doivent tout d'abord être grillées lorsque l'on souhaite en consommer, et elles feront alors office de bon balai intestinal, même si elles contiennent des stimulants. Le riz forme beaucoup de mucus puisqu'il fait la meilleure colle, mais on peut l'améliorer en le faisant tremper toute une nuit dans l'eau (vous remarquerez que l'eau devient très gluante et visqueuse et prend une affreuse odeur). Videz l'eau, puis poêlez ou cuisez le riz au four quelque temps.

Recette de pain pauvre en mucus

Mélangez de la farine complète de son ou de blé avec des carottes crues râpées (à parts égales), n'ajoutez que la quantité de farine blanche nécessaire à faire tenir la pâte et des pommes grossièrement râpées ainsi qu'une poignée de noix décortiquées ; si vous le souhaitez, vous pouvez mettre des raisins secs. Cuisez très lentement et longuement. Ce pain est meilleur consommé deux ou trois jours plus tard ou bien grillé.

Quelques recettes améliorées de sauces pour salades

Les condiments sont beaucoup moins néfastes que les aliments formateurs de mucus. Le sel de table, que l'on qualifie souvent de poison, dissout très bien le mucus. L'omnivore moyen habitué aux féculents ne pourrait pas supporter son régime sans sel. Bien sûr, avec un régime sans mucus parfait, les besoins et envies de sel seront éliminés automatiquement et, avec eux, la soif non naturelle.

MAYONNAISE : battez vigoureusement un œuf durant au moins cinq minutes, auquel vous ajouterez TRÈS LENTEMENT quelques gouttes d'un demi-litre de bonne huile pour salade (Wesson ou Mazola) ; continuez à battre tandis que vous ajoutez l'huile. Si vous désirez un arôme de tomate, ajoutez le jus d'un de ces fruits.

VINAIGRETTE : il vous faut une cuillère à café de jus de citron, quatre cuillères à soupe d'huile, ¼ de cuillère à café de miel, ¼ c. à café de sel, ¼ c. à café de paprika. Mélangez 1¼ cuillère à soupe d'huile avec les ingrédients secs, remuez bien et ajoutez le jus de citron. Battez et, lorsque le mélange épaissit, ajoutez le reste de l'huile et un peu d'ail pour le goût si vous le souhaitez.

Quelques préparations classiques sans mucus

Comme je l'ai dit auparavant, vous pouvez appeler le mélange de coleslaw et carottes la *salade classique de transition*. Je vous propose maintenant les *mélanges cuisinés classiques*.

Goulasch serbe de légumes

Faites mijoter dans très peu d'eau ou d'huile d'olive, ou dans de la graisse végétale, du chou blanc ou rouge grossièrement haché, avec des oignons et des poivrons coupés en lamelles si c'est la saison, puis ajoutez des tomates découpées ; salez et poivrez légèrement si vous le désirez.

Le chou blanc ou rouge avec des oignons cuits ou grillés dans un peu de matière graisse avec de la sauce tomate comme assaisonnement constitue un plat appétissant. On peut faire la même chose avec du chou-fleur, des carottes, des choux de Bruxelles, des betteraves avec leurs feuilles, etc.

L'idée est de cuire autant à sec que possible et d'apprécier à l'occasion un agréable substitut sans danger aux côtelettes, rôtis, etc., que vous avez abandonnés.

Quelques suggestions particulières concernant mon « livre de recettes »

Vous remarquerez que toutes les recettes et menus sont étonnamment courts. Si vous retombez dans des mixtures de gloutons telles qu'on les trouve dans les livres de recettes végétariennes ou même d'alimentation crue, vous ne guérirez jamais parfaitement. Le menu idéal de l'homme est le « mono-régime », consistant en un seul type de fruit de saison, et je vous rappelle une fois de plus qu'aucun animal en liberté ne mélange plusieurs types d'aliments dans un même repas.

Vous avez appris que, durant le régime de transition, j'utilisais en partie des aliments cuits et que les légumes étaient prédominants. Ceci afin de ralentir l'élimination, car on sait bien que les gens peuvent supporter des fruits cuits alors qu'ils ne peuvent pas manger la même variété crue. La nourriture vitale n'est pas ce que l'on recherche dans un premier temps, c'est plutôt ses propriétés de dissolution et d'élimination. Cette efficacité de guérison vitale est parfaite dans tous les fruits frais et sera trop agressive pour la majorité des patients. C'est sans aucun doute la cause de toutes les fausses idées et raisons pour lesquelles les « jeûnes fruitariens » ont si mauvaise réputation, et le pourquoi de mon utilisation de fruits cuits au départ afin de ralentir l'élimination.

Lorsque vous vous sentez mal, c'est que vous avez trop de mucus dissous et probablement d'anciens médicaments dans la circulation ; ralentissez alors l'élimination en ne mangeant plus de fruits crus, voire plus de fruits du tout, et nourrissez-vous durant quelques jours uniquement de légumes cuits ou crus. Les légumes ont une action plus mécanique et dissolvent moins.

Plus tard, lorsque le plus gros des déchets a été éliminé de votre corps et qu'il devient nécessaire, comme dans tous les cas de maladie chronique sévère, de poursuivre l'élimination, grâce au nouveau sang, de plus en plus profondément dans les tissus, il faut passer à un régime de plus en plus strict à mesure que le processus de guérison se poursuit.

Dans les leçons suivantes, vous découvrirez comment entreprendre le jeûne fruitarien, ce qu'est le jeûne scientifique thérapeutique et, dernière découverte mais non des moindres, comment combiner correctement le régime sans mucus avec le jeûne si nécessaire, ou les principes et détails du *système de guérison par le régime sans mucus.*

Les menus suivants ne sont donnés qu'à titre d'exemple pour combiner et préparer un repas :

Mélange de fromage blanc et de compote de pommes – Ne cuisez pas les pommes trop longtemps. Utilisez du sucre naturel avec parcimonie. Vous pouvez ajouter quelques raisins secs et, si vous le souhaitez, les pommes peuvent être cuites avec des zestes de citron ou un quartier d'orange pour donner du goût. Le fromage blanc doit être aussi frais que possible. Si ce n'est pas le cas, « diluez-le » avec de la crème aigre ou du lait caillé, en mélangeant soigneusement ou en passant le tout au mixeur. Répartissez à parts égales et servez frais.

Une pause de dix minutes permet à la famille d'échanger à propos des événements de la journée – en gardant toujours à l'esprit que le rire favorise la digestion.

Chou-fleur au four – Faites bouillir le chou-fleur environ jusqu'à mi-cuisson et placez-le ensuite au four jusqu'à ce qu'il brunisse. N'utilisez pas de matière grasse animale pour la cuisson, mais de préférence du Crisco® ou une autre bonne matière grasse végétale. Servez froid avec une sauce à votre convenance.

Salade – De la laitue avec des tranches de tomates et une sauce au beurre de cacahuète (réalisée en allongeant le beurre de cacahuète avec de l'eau chaude). Ajoutez du jus de citron selon vos goûts, en mélangeant bien. Ajoutez ensuite lentement de l'huile Wesson, tout en continuant de bien battre.

Pain de son toasté

NE BUVEZ PAS PENDANT LE REPAS. Vous devez laisser passer au moins trente minutes avant de boire de l'eau après manger.

Raisins secs et noix (mâchés ensemble)

* * *

Laitue, tomates, concombres
Haricots verts bouillis
Pommes de terre au four
Raisins (en saison)

* * *

Laitue, cresson
Radis

* * *

Pain de seigle suédois grillé

Pommes, raisins secs (commencez toujours par les fruits)
Salade de Coleslaw – Émincez du chou cru. Afin d'adoucir, ajoutez du jus de citron et laissez reposer

au moins une heure avant de servir. Ajoutez des oignons, du céleri râpé et des carottes bouillies froides ou des petits pois cuits. Assaisonnez avec de la mayonnaise ou une sauce à votre convenance.

* * *

Patates douces au four (en robe des champs)
Pain complet (grillé)
NE BUVEZ PAS PENDANT LE REPAS

Bananes mûres écrasées, fraises (sucrées au miel si vous le souhaitez)

* * *

Salade composée constituée de laitue, céleri, chou émincé et haricots verts cuits

* * *

Pain complet grillé

Fromage blanc et confiture d'abricot (à parts égales, mélangés et servis frais)

* * *

Laitue, tomates en tranches, olives mûres
Pommes de terre au four

Compote de pommes

* * *

Laitue, carottes râpées, petits pois cuits
Pain complet grillé
Pommes au four

* * *

Pommes et raisins secs
Chou-fleur au four avec une sauce au beurre de cacahuète
Céleri
Pain de son ou pain complet grillé

Salade de pommes et céleri – Hachez finement les pommes et le céleri ; mélangez à parts égales. Ajoutez du jus de citron pour éviter que les pommes ne noircissent. Ajoutez selon vos goûts des oignons émincés et du persil. Si vous le souhaitez, dégustez avec de la sauce mayonnaise (pour plus de détails, voir page 182).

* * *

Tarte aux fruits au blé complet

Pommes au four
Coleslaw, carottes râpées, betteraves au four en tranches, épinards cuits
Oranges

* * *

Laitue (un cœur complet, coupé en quarts), tomates tranchées, haricots de Lima cuits, ciboule. Ajoutez de l'huile d'olive ou de la mayonnaise si vous le souhaitez.

Fruits séchés mijotés (par exemple un mélange d'abricots et de prunes ou de pêches et de figues, etc.).

* * *

Goulash serbe (voir recette p. 183)
Pommes de terre au four

Prunes mijotées

* * *

Carottes crues (râpées), haricots verts cuits
Choucroute aux pommes
Pain complet
Salade de pommes, céleri et raisins secs

* * *

Carottes vapeur et petits pois
Pain de son
Noix de coco râpée et compote de pommes

* * *

Salade composée traditionnelle d'Ehret (carottes râpées, céleri et petits pois cuits). Voir recette à la Leçon XV.

Il existe de nombreux autres menus délicieux que l'on peut créer en changeant simplement soit le légume cuit soit le mélange de légumes verts.

L'alimentation idéale de l'homme est la monodiète ; les mélanges poussent facilement à la gloutonnerie et il faudra donc vous en souvenir lorsque vous planifierez vos repas.

Remarque : le Pr Ehret évoque souvent le fait qu'il ait volontairement omis de mettre des recettes en dépit des nombreuses demandes qu'il a reçues et donne ses raisons : « Dans la nature, comme dans le règne animal, les mélanges n'existent absolument pas. L'alimentation idéale et la plus naturelle est la monodiète. Un repas devrait être constitué d'un type de fruit frais de saison, et vous vous en trouveriez mieux nourri. Bien sûr, cela ne peut se faire que lorsque vous avez entièrement nettoyé votre corps des poisons toxémiques, du mucus ou de ce que nous appellerons les corps étrangers. »

Nous sommes certains que le professeur Ehret aurait approuvé et donné son accord pour que nous incluions quelques recettes pauvres en mucus, notamment des salades, dans cette édition du *Système de guérison du régime sans mucus*, après avoir été convaincu, comme nous, que le public a besoin de substitut aux aliments préparés qu'il connaît de nos jours s'il veut entreprendre avec succès la méthode Ehret. C'est donc dans cet état d'esprit, et dans l'espoir de convertir encore plus de gens au système Ehret, que nous vous présentons ces quelques recettes utilisées avec succès au sanatorium du Dr Lust, où ces savoureux mélanges cuisinés ont séduit même les sceptiques.

Recettes de Salades

Salade composée naturelle – Un grand saladier de laitue coupée très fin ; 4 poignées de radis coupés très fin ; 4 poignées de tomates émincées ; 2 poignées de persil coupé très fin. Ajoutez de l'huile et du jus de citron et mélangez bien. Laissez reposer 15 minutes. Servez avec de la mayonnaise si vous le souhaitez.

Salade de mai – Un grand saladier de chou émincé ; 1 tasse de radis coupés fins ; ½ tasse de poivrons verts coupés fins ; 1 tasse ½ de tomates émincées ; 1 tasse de ciboule coupée fine ; ½ tasse de persil haché ; 1 tasse de concombres tranchés (en saison). Mélangez soigneusement. Ajoutez 2 cuillères à soupe de jus de citron et 3 de mayonnaise. Décorez avec des olives ou des radis.

Salade pommes et céleri – 2 tasses de pommes en dés arrosées de jus de citron pour éviter qu'elles noircissent ; 1 tasse de céleri émincé ; ¼ tasse de persil haché ; 1 poignée de raisins secs ; 2 c. à soupe de mayonnaise. Mélangez soigneusement. Servez sur des feuilles de laitue croquante.

Salade de chou (délicieuse) – 2 tasses de chou tranché menu ; 1 tasse de poivrons verts hachés fin ; ½ tasse d'amandes hachées ; 1 pomme à tartes coupée en lamelles d'environ 2,5 cm de long. Salez selon vos goûts. Ajoutez deux c. à soupe de citron. Laissez imbiber 10 minutes. Ajoutez 2 c. à soupe de mayonnaise et mélangez soigneusement. Servez sur des feuilles de laitue croquante. Décorez avec du piment haché.

Salade carottes et raisins secs – 2 tasses de carottes hachées grossièrement. Faites tremper ½ tasse de raisins secs durant environ deux heures. ½ tasse de céleri haché fin. Mélangez soigneusement. Ajoutez 2 c. à soupe de mayonnaise.

Salade de prunes farcies – Farcissez des prunes cuites de formage blanc. Placez une amande émondée au centre du fromage blanc. Servez sur des feuilles de laitue avec de la mayonnaise.

Salade composée cuite – Une tasse de carottes cuites en dés ; 1 tasse de petits pois cuits ; 1 tasse de haricots verts cuits émincés ; ½ tasse de céleri cru finement haché. Mélangez soigneusement, ajoutez de la mayonnaise. Servez sur des feuilles de laitue croquante.

Chou à la serbe – 1 tasse de céleri haché grossièrement ; 1 tasse de chou haché menu ; ¼ tasse d'oignons hachés menus ; ¼ tasse d'olives émincées ; 1 c. à soupe de piment haché. Ajoutez de l'huile et du jus de citron.

Salade de fruits (servie en coques de pommes) – Choisissez de belles pommes. Coupez le sommet et évidez l'intérieur. Hachez la chair des pommes, de l'ananas, du raisin et des cerises à parts égales. Ajoutez du jus de citron. Sucrez avec du miel et placez le mélange dans les pommes évidées. Parsemez de noix de coco râpée.

Coleslaw mexicain – 2 tasses de chou rouge finement haché ; ½ tasse de céleri haché ; 1 tasse de haricots rouges ; ¼ tasse d'oignons émincés ; ¼ tasse de poivrons émincés. Ajoutez de l'huile d'olive et du jus de citron.

Salade de carottes et pommes – 1 tasse de carottes émincées ; 1 tasse de pommes en dés, trempées dans du jus de citron ; ½ tasse de céleri émincé ; des oignons finement émincés pour parfumer ; ½ tasse de dattes finement hachées. Ajoutez de l'huile d'olive et du jus de citron. Laissez imprégner durant 15 min. Servez sur des feuilles de laitue croquante.

Salade estivale – Une tasse de cresson émincé ; ½ tasse de tomates émincées ; ½ tasse de concombres en dés ; ½ tasse de céleri en dés. Ajoutez de l'huile d'olive et du jus de citron. Mélangez soigneusement et servez sur des feuilles de laitue croquante.

Salade russe – 2 tomates bien mûres ; 4 carottes de taille moyenne coupées en dés ; ½ oignon émincé finement ; 2 branches de cresson émincées ; 2 branches de céleri fendues et coupées en morceau de 2,5 cm de long. Mélangez avec de la mayonnaise. Servez sur un lit de laitue. Garnissez de tranches de tomates.

Salade d'asperges – Cuisez les asperges et coupez-les en morceaux d'environ 7 cm de long. Préparez un lit de laitue finement tranchée. Déposez les asperges sur la laitue. Ajoutez de la mayonnaise si vous le souhaitez.

Salade de chou-fleur et petits pois – Faites tremper le chou-fleur et cassez-le en petits morceaux. Prenez-en 2 tasses et ajoutez-y 1 tasse de petits pois cuits et 1 de persil haché. Ajoutez de la mayonnaise et servez sur des feuilles de laitue.

Salade d'asperges et chou-fleur – Faites bouillir des asperges et coupez les pointes sur environ 7 cm. Faites bouillir le chou-fleur et cassez-le en petits morceaux. Mélangez à parts égales. Ajoutez de la mayonnaise. Servez sur des feuilles de laitue.

Salade brésilienne – 1 tasse ½ de fraises bien mûres ; 1 tasse ½ de dés d'ananas frais ; 12 noix du Brésil effilées. Faites mariner dans 4 c. à soupe de jus de citron. Disposez des feuilles de laitue dans l'assiette pour former une fleur. Remplissez le cœur avec le mélange. Surmontez d'une cuillérée de mayonnaise. Décorez de fraises.

Salade de dattes et céleri – Émincez les dattes et le céleri, et mélangez à parts égales. Servez avec de la mayonnaise, sur des feuilles de laitue.

Salade Waldorf – 1 tasse ½ de pommes en dés ; ½ tasse de jus de citron ; 1 tasse ¼ de céleri en dés. Mélangez bien les ingrédients. Utilisez des pommes à tarte croquantes. Filtrez le jus de citron. Ajoutez de la mayonnaise. Servez sur de la laitue croquante. Décorez de noix hachées.

Substitut de salade de poulet – 2 tasses de chou haché menu ; 1 tasse de céleri ; 2 c. à soupe d'oignon finement émincé ; ½ tasse de poivrons verts finement émincés ; 1 tasse de pain au noix froid en dés. Ajoutez 2 c. à soupe de mayonnaise. Mélangez soigneusement. Servez sur des feuilles de laitue croquante. Décorez d'olives.

Salade de carottes râpées et épinards – 1 tasse de carottes râpées ; 1 tasse d'épinards émincés ; 1 tasse de chou rave. Ajoutez du jus de citron aux épinards et au chou rave et laissez mariner 10 min. Disposez des feuilles de laitue croquante dans les assiettes – recouvrez d'une couche de chou rave, puis d'épinards émincés. Placez les carottes râpées sur le dessus. Ajoutez une cuillère à soupe de mayonnaise et des olives râpées pour la décoration.

Salade d'élimination – 2 tasses d'épinards émincés ; 2 tasses de chou rave ; 1 tasse de petits pois frais ; 1 tasse de céleri émincé. Mélangez soigneusement. Ajoutez du jus de citron et de l'huile. Servez selon vos goûts.

Salade de cresson – Préparez un lit de laitue. Émincez le cresson. Ajoutez deux tomates en tranches.

Salade mixte – Émincez un grand saladier de feuilles de laitue ; 2 tasses de tomates émincées ; 1 tasse de céleri émincé ; 1 tasse d'oignons émincés ; ½ tasse de persil haché. Mélangez soigneusement. Ajoutez du jus de citron et de l'huile.

Salade d'oignons – 2 tasses de chou haché menu ; 1 tasse d'oignons rouges hachés ; 1 tasse de tomates émincées ; ½ tasse de persil haché grossièrement. Ajoutez 2 c. à soupe de mayonnaise et mélangez soigneusement. Servez sur des feuilles de laitue croquante. Décorez de radis.

Recettes de légumes cuits

Substitut de pain au jambon – 500 g de noix comme substitut à la viande ; 100 g de protose (un substitut de viande inventé par le docteur Kellog) ; 4 c. à café de Savita ou de Vegex ; ½ c. à café de sel ; 3 c. à soupe de margarine ; 1 c. à soupe de jus d'oignon ; 7 g de gélatine de Vegex ; 1 tasse d'eau bouillante. Mélangez 200 g de substitut de viande avec 2 c. à soupe de margarine. Réservez. Pour préparer la gélatine : laissez-la tremper 30 min dans de l'eau tiède. Égouttez-la puis faites-la cuire dans de l'eau bouillante durant 8 min. Filtrez. Faites cuire dans l'eau bouillante. Émincez le protose et mélangez-le aux autres ingrédients. Placez sur de la glace pour faire refroidir, puis recouvrez avec le pain de viande et le beurre. Coupez en tranches. Garnissez de quelques brins de persil.

Oignons farcis – Choisissez des oignons de bonne taille. Enlevez la couche supérieure de chaque oignon. Faites blanchir les oignons jusqu'à ce qu'ils soient presque tendres. Évidez le centre pour en faire six coupes. Émincez la chair que vous avez retirée. Mélangez avec de la mie et du protose ou des poivrons émincés et de la pulpe de tomates. Assaisonnez à votre goût. Remplissez les oignons, placez sur le plat à four et parsemez de copeaux d'oignon. Ajoutez ½ tasse de lait. Cuisez jusqu'à ce que ce soit tendre.

Escalopes de protose – 500 g de bon pain ; 1 tasse de céréales de son ; 2 tasses de lait ; 2 œufs ; 1 c. à café de sel. Coupez le contenu de la boîte de protose en deux, puis chaque moitié en 12 tranches. Parsemez le fond de la lèchefrite de la moitié des céréales. Battez vigoureusement les œufs, ajoutez le lait et le sel. Versez sur le pain. Faites cuire le tout à four très doux.

Pain d'épinard – Rincez soigneusement les épinards. Faites-les cuire dans leur jus jusqu'à ce qu'ils soient tendres. Égouttez puis émincez-les. Laissez refroidir et ajoutez des oignons finement émincés et le céleri haché menu. Assaisonnez de vinaigrette. Formez le pain et cuisez-le à la sauteuse. Garnissez d'œufs durs si vous le souhaitez. Servez froid ou chaud.

Hachis de protose – 750 g de protose ; 2 tasses de pommes de terre bouillies ou au four, refroidies ; 4 c. à soupe d'huile ; 2 oignons émincés ; du sel ; 2 c. à soupe de farine complète. Faites dorer la farine et les oignons dans l'huile ; ajoutez 2 tasses d'eau chaude et laissez cuire. Ajoutez le reste des ingrédients et faites cuire jusqu'à obtenir une couleur dorée.

Ragoût de protose – 1 c. à soupe de beurre ; 1 c. à soupe de persil haché ; 4 tasses de purée de tomates ; 4 oignons ; 2 c. à soupe de farine ; 450 g de protose. Placez le beurre dans une casserole. Ajoutez les oignons émincés et le persil et laissez cuire 10 min. Ajoutez ensuite la farine puis les tomates en mélangeant bien pour éviter les grumeaux. Couvrez puis laissez cuire 20 à 30 min. Découpez le protose en petits morceaux, puis faites-le mijoter durant 10 min dans la sauce. Salez et servez.

Huîtres végétales (ragoût) – Du salsifis, coupé en morceaux d'environ 0,75 cm, 1 kg ; 2 tasses de lait ; 1 c. à soupe de beurre ; du sel à discrétion. Nettoyez et grattez le salsifis, découpez-le et placez-le dans de l'eau froide pour éviter qu'il ne décolore. Recouvrez d'eau et cuisez. Lorsqu'il est tendre, égouttez, ajoutez le lait et le beurre. Laissez mijoter quelques minutes, puis servez.

Pot-au-feu – 4 tasses 1/2 de pommes de terre ; 1 tasse de navets ; 2 tasses d'oignons ; 1 tasse 3/4 de carottes ; 2 tasses 1/2 de chou. Découpez les pommes de terre, carottes et navets en cubes d'environ 2 cm. Émincez les oignons. Découpez le chou en morceaux d'environ 2,5 ou 3 cm. Faites bouillir patates et oignons. Le chou peut soit être cuit séparément, soit être ajouté aux carottes et navets lorsqu'ils sont partiellement cuits. Mélangez ensuite tous les ingrédients et servez avec des tranches de protose ou d'une autre nourriture à base de noix que vous aurez fait braiser dans de la sauce tomate ou du roux brun.

Artichauts au four – Faites bouillir. Sortez de l'eau. Écartez un peu quelques feuilles et ajoutez des gousses d'ail. Placez sur le plat à four. Arrosez d'huile d'olive et faites cuire environ 25 min.

Aubergines au four – 1 litre de dés d'aubergines ; 1 tasse de lait ; 1 œuf ; 2 c. à café de beurre ; 2 tasses de miettes de pain toasté ; ½ c. à café de sel ; du Nucoa (margarine végétale). Pelez les aubergines et coupez-les en dés d'environ 2 cm. Faites-les tremper dans de l'eau froide dans laquelle vous aurez ajouté 1 c. à café de sel par litre. Laissez ainsi au moins ½ heure. Égouttez. Faites cuire dans de l'eau bouillante salée. Lorsque les aubergines sont tendres, égouttez. Mélangez lentement les œufs battus, le sel et le lait. Versez sur les aubergines. Faites fondre le Nucoa et mélangez avec les miettes. Ajoutez ces miettes beurrées et faites cuire le tout à four modéré sur une plaque huilée.

Hachis d'aubergine – Coupez les légumes en deux dans le sens de la longueur. Placez au four et cuisez jusqu'à ce que la chair soit ramollie. Ôtez la peau, écrasez. Ajoutez des oignons frits. Assaisonnez avec du beurre, du sel et du poivre.

Tiges de betterave au four – Faites bouillir séparément des tiges de betterave et des épinards à parts égales. Égouttez puis découpez-les. Faites revenir des oignons. Ajoutez du céleri émincé. Mélangez le tout. Placez dans le plat à four, recouvrez de mie de pain et faites cuire.

Poulet végétarien à la king – 2 branches de céleri émincées ; 2 tasses de dés de poivron ; ¼ tasse de piment ; ½ tasse de petits pois ; ½ tasse de dés de carottes. Ajoutez un oignon émincé. Faites une sauce à base de farine complète. Servez sur des galettes ou des toasts de blé complet.

Substituts de boulettes de poulet – Préparez une base d'oignons, poivrons et céleris revenus. Ajoutez des pommes de terre, carottes et petits pois cuits au four écrasés (ou d'autres légumes si vous préférez). Faites griller des miettes de pain. Formez des boulettes et faites cuire au four dans du Crisco® jusqu'à ce qu'elles soient dorées.

Chop Suey de légumes – Faites revenir des oignons hachés grossièrement. Placez dans une sauteuse pouvant aller au four. Ajoutez du céleri émincé, des germes de soja, des poivrons émincés, du cresson, des champignons secs (laissez-les tremper au moins trois heures avant utilisation), de la tomate pour donner du goût. Ajoutez des cubes de pommes de terre. Faites cuire à sec autant que possible.

Substitut de saucisse de campagne – Du riz brun bouilli ; des miettes de pain grillé ; du céleri ; des noix hachées ; du beurre de cacahuète ; des oignons émincés braisés dans du Vegex. Assaisonnez avec de l'ail et de la sauge. Ajoutez du sel. Formez des boulettes. Faites revenir dans du Crisco® chaud jusqu'à ce qu'elles soient bien dorées.

Hamburger végétarien – Faites revenir des oignons et des poivrons. Ajoutez de l'ail à volonté. Ajoutez des miettes de pain grillé, du céleri, des noix et du hominy (une bouillie à base de maïs). Formez un steak et faites cuire au four sur la plaque huilée. Servez avec des oignons.

Poivrons farcis – 4 gros poivrons ; 1 c. à soupe ½ de margarine ; 1 c. à soupe ½ de farine complète ; 1 tasse de lait ; ½ tasse de noix ; 1 tasse de miettes de pain ; ½ tasse de dés de céleri ; 4 c. à café d'oignons hachés. Ôtez les pépins des poivrons et faites-les blanchir 10 min. Égouttez. Faites une sauce à partir de la margarine, de la farine et du lait. Ajoutez les noix, le céleri et les oignons. Assaisonnez de sel et de poivre à votre gré. Remplissez les poivrons avec cette préparation. Rajoutez quelques miettes sur le dessus. Faites cuire au four dans du Crisco® ou de la margarine.

Tomates au four – Découpez le sommet des tomates et évidez-les. Assaisonnez la chair avec des oignons hachés et du persil. Remplissez les tomates de cette mixture et remettez les sommets, couvrez et faites cuire au four durant 25 min, en arrosant d'une bonne huile pour salade. Disposez sur un lit de cresson ou de laitue et entourez de betteraves cuites en tranches. Ajoutez une sauce si vous le souhaitez.

Pain de carottes et noix – 2 tasses de carottes grossièrement hachées ; ½ tasse de chapelure ; 1 tasse de céleri émincé ; ¾ de noix hachées ; 1 tasse de purée de tomates ; ½ tasse d'oignons émincés revenus. Mélangez le tout, ajoutez 2 c. à soupe de margarine. Placez dans un moule à pain et faites cuire ½ heure.

Saucisse végétale et choucroute – 1 tasse d'oignons émincés ; 2 tasses de riz brun naturel ; ¼ tasse de cacahuètes finement hachées ; ½ tasse de chapelure. Faites braiser les oignons dans de la margarine. Faites tremper le riz toute une nuit, ou au moins durant 6 heures. Jetez l'eau de trempage et remplacez-la par de l'eau fraîche pour faire cuire le riz. Mélangez-le avec la chapelure, les cacahuètes et les oignons. Formez des boudins, trempez-les dans de l'œuf et roulez-les dans de fines miettes de crackers. Faites dorer dans du Crisco® chaud. Chauffez la choucroute et servez ensemble.

Courgettes à l'italienne – Découpez deux courgettes de bonne taille sur environ 1,5 cm d'épaisseur ; 1 grosse tomate ; ½ oignon rouge, émincé ; 1 petite tête d'ail, si vous le souhaitez. Faites cuire les courgettes et oignons environ 30 min, ajoutez les tomates et prolongez la cuisson 10 min.

Pommes de terre nouvelles et haricots verts – Faites bouillir les pommes de terre et pelez-les. Faites cuire les haricots verts dans aussi peu d'eau que possible. Placez dans un plat et ajoutez du persil haché. Arrosez d'huile d'olive italienne et faites chauffer au four durant 15 min. Servez.

Maïs sauté – 2 tasses de maïs doux ; ¼ tasse de poivrons braisés émincés ; ¼ tasse d'oignons émincés ; 1/8 tasse de piments hachés. Mélangez les ingrédients et faites cuire 15 min à four doux.

Corn beef végétarien – 1 tasse de dés de carottes ; 1 tasse de chou grossièrement haché ; 1 tasse de pain de noix ; ½ tasse de pommes de terre ; ½ tasse de céleri émincé. Faites bouillir les légumes. Remplissez la moitié d'un plat à four de roux brun, ajoutez les ingrédients, badigeonnez légèrement de margarine et faites cuire 10 min à 200 °C.

Boulettes de viande italiennes – Faites cuire environ 2 tasses de spaghettis (au blé complet). 2 tasses de pain de noix ; ½ tasse d'oignons ; ½ tasse de céleri haché ; 1/8 tasse de piment rouge (à ajuster selon vos goûts). Mélangez les ingrédients, après avoir ajouté une sauce espagnole. Formez des boulettes, cuisez à la poêle et servez-les accompagnées de sauce espagnole.

Substituts de filets de flétan à la sauce tartare – 2 tasses de haricots de Lima ; ½ tasse d'oignons émincés ; ½ tasse de poivrons ; ½ tasse de farine. Faites bouillir les haricots de Lima et revenir les oignons et les poivrons dans du Vegex. Mélangez les ingrédients, roulez-les dans des miettes de pain et faites-les cuire après leur avoir donné la forme désirée. Servez avec une sauce tartare sans vinaigre ou des cornichons et quelques brins de persil.

Pain de noix – 1 tasse de riz brun cuit chaud ; 1 tasse de noix ou noix de pécans hachées ; 1 tasse de miettes de crackers à la farine complète ; 1 œuf ; 1 tasse de lait ; 1 c. à soupe de margarine fondue. Mélangez le riz, les noix, les miettes, puis ajoutez l'œuf battu, le lait et du sel à discrétion. Versez la préparation dans un moule à pain graissé, arrosez avec la margarine, couvrez et laissez cuire une heure à four modéré. Servez avec une sauce tomate.

Steak de noix de Lisbonne – 2 tasses de riz brun cuit, froid ; 1 tasse d'oignons émincés revenus ; ¼ tasse de noix ou de pignons de pin hachés. Mélangez soigneusement. Façonnez, puis trempez ou badigeonnez d'œuf, et enfin passez dans de fines miettes de crackers. Faites dorer dans du Crisco® bouillant.

Leçon XVII

Le jeûne

À notre époque de dégénérescence, il est significatif de noter que le jeûne, par lequel j'entends le fait de vivre sans nourriture solide ni liquide, pose toujours un problème comme méthode de guérison pour l'homme moyen et la médecine classique. Même la naturopathie a mis quelques années à adopter l'unique, l'universel et le tout-puissant « remède » de guérison de la nature. Il est encore plus significatif que le jeûne soit toujours considéré comme un traitement « particulier », et qu'il ne soit devenu que très récemment une tendance mondiale, grâce à quelques résultats « merveilleux » çà et là. Des experts qui défendent les remèdes naturels « prescrivent » des jeûnes et la manière de les briser sans considérer l'état du patient ou les causes de ses maux.

D'un autre côté, le jeûne est si redouté et l'image que l'on a de lui si erronée que l'homme moyen vous traite d'insensé si vous sautez quelque repas lorsque vous êtes malade, pensant que vous allez mourir de faim, alors qu'en réalité vous vous soignez. Il ne parvient pas à comprendre la différence entre le jeûne et la grève de la faim. Le commun des médecins admet et, dans les faits, transmet, ce genre de croyances idiotes à l'égard de l'unique loi fondamentale de guérison et de « traitement » de la nature.

Tout ce que l'on crée et formule pour éliminer les éléments pathogènes et que l'on nomme « traitement naturel », sans que cela implique au moins quelques restrictions et un changement d'alimentation ou un jeûne, est une négligence fondamentale de la vérité concernant la cause de la maladie.

Vous êtes-vous déjà interrogé sur la signification du manque d'appétit lorsque vous êtes souffrant ? Et sur le fait que les animaux n'avaient ni docteurs, ni pharmacies, ni hôpitaux, ni appareils pour se soigner ? La nature vous démontre et vous enseigne par l'exemple qu'il n'existe qu'une seule maladie et qu'elle est provoquée par l'alimentation, et que, par conséquent, quel que soit le nom que l'homme lui donne, elle peut être et elle est soignée par un unique « remède » ; il s'agit de faire le contraire direct de la cause, compenser les torts, c'est-à-dire réduire la quantité de nourriture ou jeûner. La raison pour laquelle de nombreux traitements – et tout particulièrement des jeûnes prolongés – ont échoué et échouent encore est l'ignorance qui existe toujours autour de ce qui se déroule dans le corps durant un jeûne, une ignorance qui perdure dans l'esprit des naturopathes et experts du jeûne à ce jour.

J'ose le dire, il n'est sûrement pas un seul homme dans l'histoire qui ait étudié, examiné, testé et expérimenté le jeûne autant que moi. À ma connaissance, il n'est pas d'autre expert à ce jour ayant mené autant de jeûnes curatifs sur des cas graves que moi. J'ai ouvert le premier sanatorium au monde consacré au jeûne, associé au régime sans mucus, et il est une part importante de mon système de guérison. J'ai également mené quatre expériences publiques de jeûnes durant 21, 24 et 32 jours pour illustrer mes propos. La durée la plus longue constitue le *record mondial* d'un jeûne mené sous le strict *contrôle scientifique de représentants gouvernementaux.*

Vous pouvez me croire lorsque j'enseigne quelque chose de nouveau et d'instructif sur ce qui se produit dans le corps durant le jeûne. Vous avez appris dans la Leçon V qu'il faut tout d'abord considérer le corps comme une machinerie, un mécanisme constitué de matériaux caoutchouteux qui ont été trop tendus tout au long de leur vie à cause de la suralimentation. C'est pourquoi le fonctionnement du corps est constamment obstrué par une surpression anormale du sang et sur les tissus. Dès que l'on cesse de s'alimenter, cette surpression est rapidement soulagée, les voies de circulation se contractent, le sang devient plus concentré et l'eau superflue est éliminée. Cela se poursuit durant quelques jours et il se peut que vous vous sentiez parfaitement bien, mais par la suite l'obstruction de la circulation augmente, car le diamètre des voies de circulation diminue et le sang doit passer dans de nombreux endroits du corps, tout particulièrement dans les tissus qui constituent et entourent la zone du symptôme, malgré le mucus gluant qui est éliminé et dissous des parois internes ; en d'autres termes, le flux sanguin doit surmonter, dissoudre et transporter le mucus et les poisons pour les éliminer via les reins.

Lorsque vous jeûnez, vous évacuez d'abord et immédiatement les principales obstructions liées à une alimentation trop importante et mauvaise. Vous vous sentez donc plutôt bien et peut-être même mieux que lorsque vous mangez mais, comme nous l'avons expliqué précédemment, cela amène de nouvelles obstructions secondaires dans votre circulation, liées à vos propres déchets, et vous commencez à vous sentir mal. Vous, et tous les autres, accusez alors le manque de nourriture. Le jour suivant, vous pouvez distinguer avec certitude du mucus dans vos urines et, lorsque la quantité de déchets qui passe dans la circulation sera éliminée, vous vous sentirez sans le moindre doute parfaitement bien et même plus fort qu'avant. C'est un fait bien connu, un jeûneur peut se sentir mieux, et est même plus fort, au vingtième jour de sa diète qu'au cinquième ou sixième, ce qui est certainement une preuve *formidable* que *la vitalité ne dépend pas en priorité de l'alimentation*, mais plutôt d'une circulation dépourvue d'obstructions (*cf.* Leçon V). Plus la quantité de « O » (obstruction) est réduite, plus « P » (la pression atmosphérique) et donc « V » (la vitalité) augmentent.

Par cette explication, vous voyez ce qu'est le jeûne : tout d'abord, une proposition négative pour soulager le corps ; ensuite, un processus mécanique d'élimination des obstructions directes de matières solides, principalement des aliments non naturels. Les tissus qui se contractent expulsent le mucus, provoquant des frictions et des obstructions dans la circulation.

Voici quelques exemples de vitalité tirés de « P », la puissance, la pression atmosphérique seule :

- l'un de mes premiers jeûneurs, un végétarien en relativement bonne santé, a parcouru plus de 70 km à pied en montagne lors de son vingt-quatrième jour de jeûne ; un ami, de quinze ans mon cadet, et moi-même, avons marché 56 HEURES SANS ARRÊT après dix jours de jeûne ; un médecin allemand, spécialiste des traitements par le jeûne, a publié une brochure intitulée « Le jeûne, ou comment accroître sa vitalité ». Il avait découvert les mêmes faits que moi, mais sans comprendre le pourquoi et le comment, et la vitalité demeurait donc un mystère pour lui.

Si vous ne buvez que de l'eau durant un jeûne, la mécanique humaine se nettoie, de la même manière que vous pourriez presser une éponge sale pleine d'eau, si ce n'est que dans ce cas la saleté est du mucus gluant et, souvent, du pus et des médicaments, qui doivent passer dans la circulation jusqu'à ce qu'ils soient entièrement dissous pour pouvoir être éliminés par la subtile structure du « tamis physiologique » que sont les reins.

Leçon XVIII

Le jeûne
(2e partie)

Tant que les déchets sont en circulation, vous vous sentez très mal durant le jeûne ; dès qu'ils passent par les reins, vous vous sentez parfaitement bien. Deux ou trois jours plus tard, le même processus se répète. Vous devez maintenant savoir pourquoi votre état de santé change très souvent au cours d'un jeûne ; et également pourquoi vous pouvez vous sentir beaucoup mieux et plus fort au vingtième jour du jeûne qu'au cinquième, par exemple.

Mais ce travail complet de nettoyage, à travers une contraction constante des tissus (qui s'affinent) doit être effectué par et avec l'ancienne composition sanguine du patient et par conséquent un jeûne long, voire trop long, peut devenir néfaste dans un organisme malade trop encombré par les déchets. Les jeûneurs morts d'une diète trop prolongée ne le sont pas par manque de nourriture, mais étouffés dans et par leurs propres déchets. J'avais établi ce fait il y a des années. En clair, la cause immédiate de la mort n'est pas une carence du sang en substances vitales mais trop d'obstructions. « O » (l'obstruction) devient aussi importante, voire plus importante que « P » (la pression atmosphérique) et la mécanique humaine atteint un « point de non-retour ».

Je donne à tous mes jeûneurs de la limonade avec un soupçon de miel ou de sucre roux afin de détendre et dissoudre le mucus dans la circulation. Le jus de citron et les acides de fruits de toutes sortes neutralisent la viscosité du mucus et du pus.

Si un patient a déjà pris des médicaments au cours de sa vie, ils sont stockés dans le corps comme les déchets alimentaires, alors son cas peut s'aggraver et même devenir critique lorsque ces poisons entrent dans la circulation au cours de son premier jeûne. Des palpitations, des maux de tête ou de la nervosité peuvent survenir et, tout particulièrement, des insomnies. *J'ai vu des patients éliminer des médicaments pris jusqu'à quarante ans plus tôt.* Tout le monde impute au « jeûne » les symptômes décrits ci-dessus, notamment les médecins.

Combien de temps faut-il jeûner ?

Dans le règne animal, la nature répond à cette question avec une certaine cruauté : « Jeûnez jusqu'à ce que vous soyez ou guéri ou mort ! » Selon mes estimations, 50 à 60 % des hommes soi-disant « bien portants » et 80 à 90 % de ceux qui souffrent de maladies chroniques sévères mourraient de leur maladie latente au cours d'un jeûne prolongé.

La longueur de la période de jeûne ne peut être définie à l'avance, même lorsque l'on connaît l'état du patient. On découvre quand et comment rompre le jeûne en notant soigneusement *la manière dont l'état de santé évolue* – et vous savez désormais qu'il doit être rompu *dès que vous constatez que les obstructions dans la circulation sont devenues trop importantes* et que le sang a besoin de nouvelles substances vitales pour résister et neutraliser les poisons.

Modifiez votre façon de penser concernant l'affirmation : « Plus vous jeûnez longtemps, mieux vous guérissez. » Vous comprenez maintenant facilement pourquoi. L'homme est l'animal le plus malade au monde, aucun autre que lui n'a autant violé les lois de l'alimentation, aucun autre ne mange aussi mal.

Et voici le moment où l'intelligence humaine peut convenablement concourir au processus d'autoguérison en procédant à ces quelques ajustements qui font partie du *système de guérison par le régime sans mucus* :

1. Préparez-vous à un jeûne plus simple en modifiant graduellement votre alimentation et en recourant aux laxatifs et lavements ;

2. Entrecoupez des jeûnes plus courts de périodes où vous mangerez des aliments purifiants pauvres en mucus ;

3. Soyez particulièrement prudent si vous avez pris de nombreux médicaments et tout spécialement s'ils contenaient du mercure, du salpêtre ou de l'oxyde d'argent (administré pour les maladies vénériennes), auquel cas un régime de préparation long et très progressif est conseillé.

La suggestion d'un « expert » qui recommandait de jeûner jusqu'à ce que la langue soit propre a causé de nombreux problèmes parmi des jeûneurs « fanatiques », et je connais personnellement une personne qui en est morte. Vous serez peut-être surpris d'apprendre que j'ai dû soigner des patients des effets d'un jeûne trop prolongé. Vous comprendrez clairement pourquoi par la suite.

En dépit de cela, chaque traitement, et tout particulièrement chaque régime, devrait débuter par deux ou trois jours de jeûne. Tout le monde peut le faire sans danger, quelle que soit sa condition. Commencer par un laxatif, puis *un lavement quotidien* simplifie les choses et est sans risque.

Comment rompre le jeûne

Choisir les bons aliments après un jeûne est aussi important et décisif pour les résultats que la diète elle-même. Dans le même temps, cela dépend entièrement de l'état du patient et beaucoup également de la durée du jeûne. Vous apprendrez de ces cas extrêmes, qui ont tous deux eu une issue fatale (pas à cause du jeûne mais d'un premier repas inadapté), pourquoi cette simple CONNAISSANCE *est si importante*.

Un très gros consommateur de viande, qui souffrait de diabète, rompit son jeûne, d'une durée d'environ une semaine, en mangeant des dattes et en mourut. Un homme de plus de 60 ans jeûna durant vingt-huit jours (trop longtemps), son premier repas végétarien étant principalement constitué de patates bouillies. Il dut subir une opération qui révéla que les pommes de terre étaient restées bloquées dans les intestins contractés par du mucus épais et gluant, si résistant que l'on dut en couper un morceau, et le patient succomba peu après l'intervention.

Dans le premier cas, les terribles poisons relâchés dans l'estomac de ce carnivore durant son jeûne, en se mélangeant au fructose concentré des dattes provoqua immédiatement une fermentation si grande avec du dioxyde de carbone et d'autres poisons que le patient ne put supporter le choc. On aurait dû lui conseiller tout d'abord un laxatif, puis des légumes verts crus ou cuits, et une tranche de pain de son. La choucroute est recommandée dans ce genre de cas. Il ne faut pas manger de fruits durant une longue période après la rupture du jeûne. Et il faut que le patient ait été préparé au jeûne par un long régime de transition.

Dans le second cas, le patient a jeûné bien trop longtemps pour un homme de son âge sans une préparation adéquate. Des compresses chaudes sur l'abdomen et de profonds lavements auraient facilité l'élimination, ainsi qu'un puissant laxatif, puis des légumes verts, principalement crus ; et pas de fruits durant une longue période.

Ces deux exemples très instructifs nous montrent à quel point les conseils doivent être personnalisés et à quel point il faut proscrire les recommandations générales sur la manière de rompre le jeûne.

Leçon XIX

Le jeûne
(3e partie)

Règles importantes à étudier et à mémoriser

Ce que l'on dit en général et ce que j'enseigne est nouveau et diffère de l'avis de l'expert moyen. Cela se présente comme suit :

1. Le premier repas et les menus des jours qui suivent un jeûne doivent avoir un effet laxatif et ne pas être nutritifs comme le pense presque tout le monde ;

2. Plus rapidement le premier repas traverse le corps, plus efficacement il transporte le mucus et les poisons libérés par les intestins et l'estomac ;

3. Si vous n'allez pas convenablement à la selle au bout de deux ou trois heures, aidez-vous de laxatifs et d'un lavement. À chaque jeûne, j'ai toujours connu un bon travail des intestins au moins une heure après avoir mangé, qui me faisait me sentir instantanément bien. Lorsque je rompais un long jeûne, je passais plus de temps aux toilettes qu'au lit la nuit suivante – et c'est ainsi que cela devait être.

Il y a de nombreuses années, alors que je séjournais en Italie, je bus environ trois litres de jus de raisin frais après un jeûne. Je fus immédiatement pris d'une diarrhée liquide sous la forme de mucus mousseux. Presque instantanément, je me sentis incroyablement fort et put effectuer 352 flexions de jambes et extensions de bras. Cette élimination complète de mes obstructions, ayant lieu après quelques jours de jeûne, augmenta « P », la vitalité, immédiatement ! Vous devriez le vivre pour le croire, puis vous adopterez ma formule, « V » = « P » - « O » et réaliserez l'absurdité d'élaborer scientifiquement des menus nutritifs pour la santé et la force ;

4. Plus le jeûne est long, mieux les intestins fonctionnent lorsqu'on le rompt ;
5. Les meilleurs aliments laxatifs après un jeûne sont les fruits sucrés frais, en tête de liste les cerises et raisins, puis les prunes mijotées ou en compote. Ces fruits *ne doivent pas être consommés après le premier jeûne d'un amateur de viande*, mais par des gens ayant mangé quelque temps des aliments sans mucus ou, au moins, pauvres en mucus lors d'un « régime de transition » ;
6. En général, il est conseillé de rompre le jeûne avec des légumes verts crus et cuits ; les épinards à l'étouffée sont particulièrement efficaces ;

7. Si le premier repas ne cause aucun désagrément, vous pouvez ensuite manger à volonté. Si vous n'ingurgitez que de petites quantités les deux ou trois premiers jours sans aller à la selle à cause du peu de nourriture ingérée (comme le conseillent à tort les « experts »), cela peut s'avérer dangereux ;
8. Si vous êtes en condition de pouvoir commencer à manger directement des fruits et n'allez pas à la selle au bout d'environ une heure, mangez plus ou consommez un repas de légumes conseillé plus haut, jusqu'à pouvoir évacuer les déchets accumulés durant le jeûne avec vos fèces.

Règles à respecter durant le jeûne

1. Nettoyez l'appareil digestif inférieur autant que possible par des lavements, au moins de temps en temps ;
2. Avant d'entamer un jeûne plus long, prenez occasionnellement des laxatifs et dans tous les cas la veille de commencer ;
3. Si possible, *restez au grand air* jour et nuit ;
4. Ne marchez, ne faites du sport ou toute autre activité physique *que lorsque vous vous sentez suffisamment fort pour le faire* ; si vous êtes fatigué et faible, reposez-vous et dormez autant que possible.

5. Les jours où vous vous sentez faible, et ces jours arriveront lorsque les déchets seront dans la circulation, votre sommeil sera agité et perturbé et vous ferez peut-être des cauchemars. Cela est provoqué par le passage des poisons dans le cerveau. Les doutes, la perte de confiance, vous envahiront ; lisez alors cette leçon encore et encore, ainsi que les autres chapitres sur le jeûne et tout particulièrement la Leçon V. N'oubliez pas que vous êtes sur « la table d'opération de la nature » ; elle va procéder à la plus merveilleuse des interventions, et sans même l'aide d'un scalpel ! En cas de sensation étrange liée aux médicaments désormais en circulation, *faites immédiatement un lavement*, allongez-vous et, si nécessaire, rompez le jeûne *mais pas avec des fruits*.

6. Chaque fois que vous vous relevez après avoir été allongé, faites-le lentement, ou vous risqueriez d'être étourdi. Cela n'a rien de grave, mais il vaut mieux l'éviter de cette manière. Cela m'a fait très peur au début et je connais nombre de jeûneurs ou de petits mangeurs qui ont abandonné à cause de cette sensation – et ont perdu la foi pour toujours.

Que boire durant le jeûne ?

Les « fanatiques » du jeûne ne boivent que de l'eau. Ils pensent qu'il est mieux d'éviter toute trace de nourriture. Pour ma part, je préfère une limonade légère avec du miel et du sucre roux ou un jus de fruits. Buvez aussi souvent que vous le souhaitez dans la journée, mais pas plus de deux ou trois litres par jour. Moins vous buvez, plus le jeûne fonctionnera de façon agressive.

Pour changer, un jus de légumes cuits peut être très bon durant un long jeûne. Le jus de tomates crus, entre autres, convient également. Mais si vous consommez des jus de fruits – d'orange, par exemple – durant un long jeûne, soyez extrêmement prudent, car les fruits pourraient entraîner une libération trop rapide des poisons sans élimination par les fèces. Je connais de nombreux jeûnes à base de fruits ou de jus qui ont complètement échoué à cause des poisons et du mucus relâchés trop rapidement et en trop grande quantité d'un coup, perturbant de manière trop importante tous les organes et ne pouvant être éliminés de la circulation sans aller à la selle.

Jeûne matinal ou régime sans petit-déjeuner

La pire des habitudes alimentaires de notre époque est de bourrer l'estomac de nourriture tôt le matin. Dans les pays européens, à l'exception de l'Angleterre, personne ne prend de véritable repas au petit-déjeuner ; il ne s'agit généralement que d'une boisson avec simplement du pain.

Le seul moment où l'homme ne mange pas durant dix ou douze heures d'affilée, c'est la nuit, lorsqu'il dort. Dès lors que son estomac est libéré de toute nourriture, le corps démarre le processus d'élimination d'un jeûne ; voilà pourquoi les personnes souffrant d'encombrements se sentent mal au réveil et ont habituellement la langue très chargée. Elles n'ont pas du tout d'appétit, et pourtant recherchent de la nourriture, la mangent et se sentent mieux – POURQUOI ?

La résolution d'un autre « mystère »

Voici l'un des plus grands problèmes que j'ai résolus, et c'est celui que n'arrivent pas à percer tous les « experts » qui pensent que c'est grâce à la nourriture. Dès que vous remplissez à nouveau l'estomac de nourriture, L'ÉLIMINATION S'ARRÊTE et vous vous sentez mieux ! Je dois dire que ce mystère que j'ai percé explique sans nul doute pourquoi manger est devenu une habitude et non plus ce que la nature voulait que ce soit, à savoir une satisfaction, une compensation du besoin naturel de nourriture.

L'habitude de manger, qui affecte tous les hommes civilisés et qui est maintenant expliquée du point de vue physiologique, implique et illustre cette déclaration que je fis il y a longtemps : « La vie est une tragédie de la nutrition. » Plus l'homme accumule de déchets, plus il doit manger pour stopper l'élimination. J'ai eu des patients qui devaient manger plusieurs fois durant la nuit pour pouvoir se rendormir. En d'autres termes, ils devaient mettre de la nourriture dans leur estomac afin d'éviter la digestion du mucus et des poisons qui s'y étaient accumulés !

Leçon XX

Le jeûne
(4e partie)

Vous venez de voir dans la Leçon XIX le cas de patients qui devaient manger plusieurs fois par nuit pour se rendormir. Vous en avez découvert les raisons. Au réveil, vous vous sentez peut-être bien, mais au lieu de vous lever, vous demeurez au lit et vous vous rendormez, faisant peut-être des cauchemars, et au second réveil vous êtes mal. Vous comprenez désormais les causes exactes de tout cela.

Dès que vous vous levez, bougez, marchez ou faites de l'exercice, le corps se trouve dans une condition totalement différente de celle du sommeil. L'élimination est ralentie et l'énergie employée ailleurs.

Si vous supprimez les petits déjeuners de vos menus quotidiens, vous souffrirez peut-être de sensations sans gravité, comme des maux de tête durant les deux premiers jours, mais vous vous sentirez ensuite beaucoup mieux, travaillerez plus efficacement et apprécierez votre déjeuner plus que jamais. Des centaines de cas graves ont été soignées rien que par le « régime sans petit déjeuner », sans autre changement important d'alimentation. Cela prouve que l'habitude d'un petit déjeuner complet est la pire et la plus néfaste.

Il est conseillé et vraiment avantageux de laisser le patient consommer la boisson à laquelle il était habitué au petit déjeuner ; s'il est accro au café, laissez-le continuer à en boire, mais en évitant *absolument* tout aliment SOLIDE ! Plus tard, remplacez le café par un jus de légumes chaud et encore plus tard par de la limonade. Pour une personne moyenne, ce changement doit avoir lieu progressivement.

Le jeûne de 24 heures, ou régime à un repas par jour

Comme pour le régime sans petit déjeuner, vous pouvez soigner des cas graves avec le jeûne de 24 heures, et dans les cas d'encombrements chroniques sévères ou de prise de médicaments, il est plus prudent de l'utiliser comme étape préparatoire aux jeûnes plus longs qui seront inévitables. Le meilleur moment pour manger est l'après-midi, disons vers 15 ou 16 heures.

Si le patient suit un régime sans mucus ou de transition, faites-lui manger les fruits en premier (ils devraient toujours êtres consommés ainsi) et après une pause de 15 à 20 minutes les légumes ; mais tout devra être avalé en l'espace d'une heure afin de ne former pour ainsi dire qu'un repas.

Le jeûne utilisé en lien avec le système de guérison par le régime sans mucus

Comme je l'ai affirmé plus tôt, je ne suis plus favorable aux longs jeûnes. Il peut en effet s'avérer criminel de laisser un patient jeûner durant trente ou quarante jours en ne buvant que de l'eau ; cela a pour effet de contracter les voies de circulation, qui sont continuellement remplies de plus en plus de mucus et de dangereux anciens médicaments et poisons ; et dans le même temps par du sang pourri qu'il avait en « stock ». Il serait en réalité en train de mourir par manque d'éléments alimentaires vitaux. Personne ne peut subir un jeûne de ce type sans conséquences néfastes ou sans nuire à sa vitalité.

Si vous devez jeûner, commencez par le régime sans petit déjeuner, puis continuez de temps à autre par des jeûnes de 24 heures ; augmentez progressivement la durée à 3, 4 ou 5 jours, entrecoupée de périodes de 1, 2, 3 ou 4 jours de régime sans mucus, combinées individuellement comme ajustement de l'élimination et permettant à la fois de refournir et renforcer le corps en continu grâce aux meilleurs éléments contenus uniquement dans les aliments sans mucus.

Le sang s'améliore et se régénère progressivement grâce à ces jeûnes intermittents ; il peut ainsi supporter plus facilement les poisons et déchets et dissoudre et éliminer les « dépôts maladifs » des tissus les plus profonds du corps – des dépôts dont aucun docteur n'a même jamais soupçonné l'existence et qu'aucune autre méthode de guérison n'a découvert et ne peut éliminer.

Voilà donc le système de guérison par le régime sans mucus, dont le jeûne est une part essentielle.

Le jeûne dans les cas de maladies sévères

Le premier livre sur le jeûne que j'ai jamais lu s'intitulait *Hunger Cures-Wonder Cures*. Il relatait l'expérience d'un médecin de campagne qui affirmait qu'« aucune maladie aigüe et fiévreuse ne doit ni ne peut avoir d'issue fatale si l'on respecte le commandement instinctif de la nature, qui est de cesser de s'alimenter à cause de la perte d'appétit. »

C'est par exemple de la folie de donner de la nourriture à un patient atteint de pneumonie et souffrant d'une forte fièvre. Les tissus des poumons ayant été contractés par un « refroidissement », le mucus est libéré dans la circulation et produit une fièvre anormale. La mécanique humaine, qui est déjà à la limite de l'explosion à cause de la chaleur, se réchauffe encore davantage lorsqu'on lui donne des aliments solides, du bouillon de viande, etc. (ce que l'on nomme les bons aliments nutritifs).

Des bains d'air pris dans la chambre, des lavements, des laxatifs, de la limonade fraîche pourraient sauver la vie de milliers de jeunes hommes qui meurent quotidiennement, victimes innocentes de la pneumonie ou d'autres maladies aiguës, à cause de l'ignorance têtue des docteurs et autres personnes soi-disant hautement civilisées.

Le jeûne supérieur

Essayez de mémoriser la leçon sur le métabolisme (Leçon IX), car elle renferme la vérité la plus importante sur la nouvelle physiologie ; la Leçon V vous permettra également de comprendre clairement le jeûne et toutes les sensations qu'il peut provoquer.

Tous les experts, sauf moi, pensent que vous vivez sur vos propres réserves de chair durant un jeûne. Vous connaissez ce qu'ils nomment le métabolisme – « Métaboliser votre propre chair lorsque vous jeûnez » correspond simplement à l'élimination des déchets.

Le « fakir » indien, le plus grand jeûneur dans notre monde actuel, n'a que la peau sur les os. J'ai appris que plus vous êtes propre, plus il est facile de jeûner et plus vous pouvez le supporter longtemps. En d'autres termes, dans un corps libéré de tous déchets et poisons et quand aucune nourriture solide n'est ingérée, le corps humain fonctionne pour la première fois de sa vie sans obstruction. L'élasticité de l'intégralité des tissus et des organes internes, et tout particulièrement des poumons spongieux, travaille avec une vibration totalement différente et une efficacité inédite, grâce à l'air seul et sans la moindre obstruction. Si l'on reformule, « V » est égal à « P » et il vous suffit de fournir le « moteur » en eau pour remplacer celle usée, et vous accédez à un niveau physique, mental et spirituel supérieur. C'est ce que je nomme le « jeûne supérieur ».

Si votre « stock » de sang se forme avec la consommation des aliments que je vous conseille, votre cerveau fonctionnera d'une manière surprenante. Votre vie précédente vous apparaîtra comme un rêve et, pour la première fois de votre existence, vous vous éveillerez vers une véritable conscience de soi.

Votre esprit, vos pensées, vos idéaux, vos aspirations et votre philosophie changeront fondamentalement d'une manière qui défie toute description.

Votre âme exultera sa joie et sa victoire sur la misère de la vie, que vous abandonnerez totalement derrière vous. Pour la première fois, vous ressentirez une vibration de vitalité à travers votre corps (comme un léger courant électrique) qui vous ébranlera délicieusement.

Vous apprendrez et réaliserez que le jeûne et le jeûne supérieur (et non les ouvrages de psychologie et de philosophie) sont le véritable et unique sésame vers une vie supérieure ; vers la révélation d'un monde supérieur et du monde spirituel.

Leçon XXI

« Le régime destructeur de notre civilisation et le régime sans mucus, alimentation naturelle de l'homme »

Vous savez désormais que l'abstinence totale de nourriture – le JEÛNE – est la meilleure et *la plus efficace* méthode de guérison. Cela démontre en toute logique qu'une toute petite quantité de nourriture est en réalité nécessaire pour vivre et justifie cette affirmation que je répète sans cesse : « Le miracle, c'est que nous vivons *en dépit* de nos excès et de nos mauvais choix alimentaires, d'aliments destructeurs. » À la lumière de cette vérité, il semble presque ridicule de souligner la lutte éternelle et les confusions en ce qui concerne la diététique, les protéines, les sels minéraux, les vitamines, etc. La valeur nutritionnelle potentielle n'est pas au premier plan. Vous ne pouvez soigner l'alcoolisme par de l'eau si vous ne stoppez pas la prise d'alcool. Vous ne pouvez guérir une maladie par de quelconques ajustements, traitements ou régimes, si vous ne cessez de consommer les aliments qui la provoquent, qui constituent actuellement 90 % du régime destructeur de notre civilisation.

J'ai nommé les aliments naturels de l'homme, les fruits et légumes verts (comme le dit la Genèse, des « fruits et des herbes »), le « régime sans mucus », car le mucus est la substance principale et la plus importante et significative des autres aliments mauvais qui contiennent, produisent et encombrent le corps de matières pathogènes.

Toute cette « camelote » que sont la diététique scientifique, les valeurs nutritives, les statistiques, etc., est inutile et vaine tant que l'on n'a pas franchi le premier pas, qui consiste à voir les aliments et leurs valeurs sous un angle radicalement différent :

1. Quelle quantité de matières pathogènes (de mucus) ils produisent et laissent dans le corps ;
2. Leurs propriétés de dissolution, d'élimination et de guérison.

Voici pourquoi je fais maintenant pour vous la critique des différents aliments, et particulièrement des mauvais afin que vous puissiez voir immédiatement pourquoi ils sont « destructeurs », n'ayant aucune valeur positive, mais produisant et laissant des déchets stockés dans le corps. Si vous vous reportez à la Leçon XIV, vous verrez que les recherches de Berg ont abouti aux mêmes résultats que ceux que j'avais découverts intuitivement, par l'expérience sur moi-même et des milliers de patients.

LES VIANDES

Elles sont toutes dans un état de décomposition, produisant des poisons de cadavre, de l'acide urique dans le corps et du mucus ; les matières grasses sont ce qu'il y a de pire, car même le beurre ne peut être utilisé par le corps humain. Aucun animal ne consomme de matières grasses.

LES ŒUFS

Les œufs sont encore pires que la viande, car non seulement ils renferment trop de protéines, mais aussi leurs propriétés gluantes sont bien plus marquées et ils sont donc très constipants. Les œufs durs sont moins néfastes, car la cuisson a éliminé leur aspect collant ; le blanc d'œuf constitue une colle parfaite.

LE LAIT

Il constitue également une bonne colle pour la peinture. Le lait de vache est trop riche pour les adultes et les bébés et tout simplement destructeur. Un estomac de bébé ne peut pas digérer la même chose que celui d'un veau. Si vous devez vraiment consommer du lait, diluez-le au moins de moitié avec de l'eau et ajoutez-y des lactoses. Le lait caillé ou le babeurre sont moins néfastes et possèdent des vertus laxatives ; ils sont en outre débarrassés des propriétés gluantes. Le fromage blanc avec de la confiture (voire Leçon XV) convient bien pour le régime de transition. Tous les autres types de fromage sont hautement acides et formateurs de mucus.

LES MATIÈRES GRASSES

Toutes les matières grasses forment des acides, même celles d'origine végétale, et ne sont pas utilisées par le corps. Vous ne les aimerez, ne les désirerez et ne les consommerez que tant que vous verrez encore du mucus dans le « miroir magique ». Ce que les docteurs nomment « calories de chaleur » est engendré par la friction des matières grasses, les obstructions dans la circulation, qui constipent les petits vaisseaux sanguins.

LES CÉRÉALES

Les céréales et tous produits issus de farines forment du mucus et des acides. Le pire de tous est la farine blanche, car c'est celle qui fait les meilleures pâtes. Les pains de son, complets ou de seigle sont moins néfastes, car moins gluants. Lorsqu'ils sont bien préparés ou toastés et bien cuits, ils deviennent beaucoup moins dangereux. Les céréales crues, lorsqu'on les fait griller, sont en quelque sorte un balai à mucus, mais elles contiennent des stimulants que l'on prend à tort pour de la « valeur nutritive ». Les tartes à base de pâtes crues sont, selon moi, une absurdité. Lorsqu'on les consomme avec des sucreries et des acides, elles produisent autant de mucus et de gaz que les pâtisseries françaises.

LES LÉGUMES

Les lentilles, les haricots secs et les pois secs sont trop riches en protéines, comme les œufs et la viande. La cacahuète également est un légume.

LES POMMES DE TERRE

Elles sont un peu meilleures que les produits à base de farines, puisqu'elles contiennent plus de sels minéraux (voire les tableaux de Berg) et qu'elles ne sont pas trop gluantes. Les patates douces se rapprochent des sucres naturels mais sont trop riches. Bien poêlées, ou croustillantes ou cuites en chips, mais sans la graisse d'origine animale, les patates douces sont presque dépourvues de mucus.

LE RIZ

C'est l'un des plus grands formateurs de mucus et il fait une excellente colle. Mes expériences de plusieurs cas très sérieux répandus chez les consommateurs de riz (des furoncles atroces, etc.) m'ont fermement convaincu qu'il est la cause fondamentale de cette terrible épidémie qu'est la lèpre.

LES NOIX

Toutes les noix sont trop riches en protéines et matière grasses, et ne devraient être consommées qu'en hiver et avec modération. Il faut les manger avec des fruits séchés ou du miel, jamais avec des fruits juteux, car l'eau et les graisses ne se mélangent pas.

À l'exception peut-être des noix, les aliments cités ci-dessus doivent tous être préparés d'une certaine manière pour être consommés ; ils sont en effet dépourvus de saveur sans préparation spéciale. Ce que l'homme civilisé qualifie de bon, de goût délicieux, est absurde. Si la langue est nettoyée de son mucus et le nez libéré pour la première fois des saletés, ils deviennent tous deux des « miroirs magiques », des « organes révélateurs » si l'on peut dire, le pont vers le sixième sens qui est celui de la vérité. Vous perdez tout attrait et ne pouvez plus supporter toutes ces épices stimulantes, et particulièrement le sel de table. Tous ces aliments non naturels sont extrêmement amers et pour un nez normal leur odeur est très agressive. Les organes sensoriels de l'homme sont dans un état pathologique qui se présente sous la forme d'un mucus « semblable à du pus » et de déchets comme tout le reste du système, et l'homme étant lui-même dans un état de décomposition, il trouve cette nourriture à demi pourrie délectable.

Mais même dans cet état, vous ne voudriez ni ne pourriez manger des matières grasses ni des aliments d'origine animale sans la « préparation » du cuisinier qui consiste en un art de camoufler les véritables goûts et odeurs par des épices et un assaisonnement. En fait, le goût et les petites vibrations sont si dénaturés qu'un gros consommateur de viande n'apprécie pas la merveilleuse odeur d'une banane bien mûre. Il lui préfère le parfum de la viande à demi décomposée.

Aucun tableau des valeurs nutritives ne vous convaincra de la vérité. Vous devrez sentir avec vos organes purifiés à quel point on vous ment en vous disant que vous vous nourrissez et construisez de la santé et de la force avec ces aliments qui sont en vérité destructeurs, car ils stimulent, ou plutôt, bloquent l'élimination de vos anciens déchets jusqu'à ce que vienne le jour de rendre des comptes, celui où vous serez « officiellement » malade.

C'est paradoxal mais vrai, l'homme civilisé « meurt de faim » en mangeant trop d'aliments mauvais et destructeurs ; la « poche » de digestion (l'estomac) est déformée et effondrée, ce qui désorganise et interfère avec le fonctionnement correct des autres organes. Ses glandes et les pores de ses parois sont totalement bouchés et son élasticité, tout comme celle des intestins et sa fonction vitale sont presque paralysées. L'abdomen devient un sac anormalement étiré plein d'organes graisseux, aqueux et disloqués dans lesquels glisse la moitié, voire plus, des aliments pourris de la civilisation, fermentant de plus en plus pour former des fèces tel qu'aucun autre animal n'en possède. *Voilà ce que l'on nomme la digestion !*

Natural Food of Man est le titre d'un ouvrage d'Hereward Carrington.

Il existe d'autres auteurs européens qui prouvent et démontrent sous tous points de vue que l'homme a dû vivre à l'époque préhistorique en se nourrissant d'aliments naturels crus, des fruits et légumes verts. Cependant, un grand philosophe a un jour déclaré : « Il faut douter de tout ce qui doit d'abord être démontré. » Lorsque l'on ne voit ou ne perçoit pas la vérité immédiatement, on ne l'admet jamais, même si elle est prouvée des milliers de fois et sous tous les angles possibles. Même les experts des régimes fruitariens et les défenseurs de la nourriture crue doutent du fait que l'homme dégénéré d'aujourd'hui puisse survivre de cette diète édénique.

Cela m'a demandé plusieurs années de tests et expériences continuels pour être totalement convaincu, même si j'y crus dès la première seconde. Souvenez-vous maintenant de mes enseignements de la Leçon V et de celles sur la nouvelle physiologie. Tous les autres sont sur la mauvaise voie, égarés par la mode des protéines et l'ignorance de ce que à quoi ressemble l'intérieur du corps, ce qu'est la maladie, etc. Mais ce qui empêche tout particulièrement de reconnaître la vérité, c'est l'ignorance de ce qui arrive au corps lorsqu'on mange des fruits, jeûne ou vit avec le régime sans mucus. Comme l'interprétation de toutes les sensations, qui deviennent de plus en plus étranges et nouvelles à mesure que le processus de guérison avance et s'approfondit, est basée sur l'ancienne physiologie, elle est en cela erronée. C'est là la « pierre d'achoppement » dans la révélation à propos de la guérison sans médicament tout d'abord et d'une diététique améliorée dans un second temps. Le régime naturel n'a jamais été adopté de manière systématique, tout particulièrement en le combinant avec le jeûne, basé sur les vérités de ma nouvelle – mais réelle – physiologie. Il faut absolument apprendre et comprendre. Si vous croyez fermement aux vérités de la Leçon V et des autres leçons sur ce sujet, vous ne douterez plus jamais que les fruits seuls, même une seule variété d'entre eux, non seulement nourrissent parfaitement le corps humain mais le soignent, éliminant toute possibilité de maladie.

Tous les autres, ignorant ces vérités et ne possédant pas le savoir naturel qui ne réside que dans la guérison par le régime sans mucus, ne pourront jamais obtenir un corps parfaitement propre et une guérison totale ni comprendre toute situation.

Ils ne croiront jamais en la perfection divine des « nourritures célestes » et comme il est dit « Dieu les punira par l'aveuglement », l'aveuglement spirituel signifiant que les doutes, les baisses de foi et de croyance continueront à apparaître encore et toujours tant que les déchets et les anciens poisons continueront à circuler dans le cerveau pour être éliminés. Vous échapperez, je l'espère, à cette erreur tragique.

Les qualités particulières des fruits et légumes verts et leur perfection en tant que nourriture humaine apparaissent clairement dans le tableau de Berg.

Plus vous serez libéré de toutes sortes de déchets et poisons, plus vous ressentirez et croirez cette vérité, la plus grande de toutes : « Ce régime édénique est non seulement suffisant, mais vous entraîne de plus en plus haut dans des conditions physiques et mentales jamais atteintes auparavant. »

LEÇON XXII

La sexualité

LES MALADIES SEXUELLES

Grâce aux connaissances accumulées au cours des leçons précédentes, vous savez désormais et réalisez mieux que n'importe quel naturopathe qu'il n'existe aucune différence de principe entre une maladie et une autre.

Dans ce cas particulier, cependant, réside une exception, mais uniquement en ce qui concerne les symptômes de la syphilis. Les maladies vénériennes peuvent être soignées facilement par le régime et le jeûne pour la simple raison que les patients sont généralement jeunes. Le traitement est plus compliqué si des médicaments ont été consommés. Et c'est malheureusement le cas la plupart du temps.

Les symptômes prétendument caractéristiques des maladies syphilitiques sont dus à la prise d'un ou plusieurs médicaments.

GONORRHÉE

Rien de plus simple à guérir que ce « rhume » des organes sexuels, si aucun médicament ou injection n'a été administré. Les médecins doivent admettre que cette condition peut exister *sans aucun rapport sexuel* et qu'on peut donc difficilement l'attribuer à des germes. La gonorrhée n'est qu'une élimination à travers cet organe naturellement destiné à cette fin. Les gros consommateurs de viande y sont très exposés. Si une femme du monde la contracte, on parle de leucorrhée.

Si l'on fait des injections de médicaments de manière régulière, le mucus et le pus remontent dans la prostate, la vessie, etc. Chez la femme, tout l'utérus devient enflammé, entraînant toutes sortes de maladies typiquement féminines.

J'ai rencontré des centaines de cas de ce genre pour lesquels la naturopathie avait été inefficace. Seuls le jeûne et mon régime peuvent apporter le soulagement.

La roséole syphilitique caractérisée par une teinte « rose grisée » et le blanc de l'œil terne est due à l'acide nitrique, aux injections d'acide d'argent. Cela se produit également si la gonorrhée atteint les os. On qualifie les trois de symptômes syphilitiques. C'est le mercure qui est responsable du chancre et de la syphilis secondaire et tertiaire.

La « syphilis » n'existe pas dans le règne animal ou chez les peuples sauvages. Ce sont les médicaments qui entraînent ces maladies destructrices, ainsi que l'alimentation du monde civilisé. Les excès sexuels sont, bien entendu, également à blâmer mais, sachant très exactement ce qu'est la maladie, vous me comprendrez si je révèle d'un trait le « mystère » de cette maladie, c'est-à-dire que les médicaments et la surconsommation de viande sont bien plus responsables que tous les excès sexuels possibles.

Pour un patient particulièrement empoisonné par le mercure, un régime de transition très long et attentif est nécessaire et un régime radicalement fruitarien ou un jeûne pourraient être dangereux, pas en eux-mêmes, mais à cause de la dissolution des médicaments qui reviendraient ensuite dans la circulation pour être éliminés.

Dans cet état, il faut surveiller l'élimination si attentivement qu'il faut impérativement faire appel à un spécialiste ayant déjà une certaine expérience.

Le prolapsus utérin, si courant, ne peut être soigné que par ce régime, accompagné de longs jeûnes qui alternent avec d'autres, plus courts, et d'un long régime préparatoire.

Inflammations de la prostate, sténoses, maladies de la vessie, j'ai sauvé des centaines de patients des tortures infligées par les docteurs. J'ai proposé des traitements même après que la naturopathie avait échoué avec les méthodes d'élimination naturelles à travers une nouvelle et parfaite composition sanguine obtenue par le régime sans mucus.

PSYCHOLOGIE SEXUELLE

Il est significatif de constater que notre civilisation considère les rapports sexuels comme des actes immoraux. Cela est cependant voilé de mystère. D'un point de vue moral naturel, déclare un philosophe, un homme impur n'a pas le droit d'engendrer un nouvel être. « Tu ne dois pas seulement procréer, mais surcréer », dit ce grand penseur, Nietzsche.

Le fait est que nous sommes tous, à quelques rares exceptions, le résultat de stimulants plutôt que de vibrations d'amour exclusivement. La procréation est l'acte le plus saint et divin et est chargé des plus hautes responsabilités, particulièrement de la part du père. Le moindre défaut dans un germe et l'être généré n'est pas une progression mais une régression. Dans une très ancienne civilisation classique, le « sexe » était un culte, une religion et, dans toutes les mythologies et la poésie des hommes civilisés, l'amour est le plus grand, le principal sujet général, dans le but conscient ou inconscient d'assurer la reproduction de l'espèce.

Le fait est prouvé grâce aux statistiques : toute famille du monde civilisé s'éteint à la troisième ou quatrième génération. En d'autres termes, les « péchés » des parents produisent des enfants et petits-enfants malades qui dégénéreront jusqu'à la mort à la troisième génération. Quels sont ces « péchés » ? On vous dit d'« aimer votre prochain » et vous le faites, peut-être, mais vous tuez vos propres enfants, en partie du moins, avant leur naissance. Les maladies latentes sont générales et universelles. Au-delà des statistiques qui nous apprennent que plus de cinquante pour cent des jeunes hommes dans les grandes villes souffrent de gonorrhée et des jeunes filles de leucorrhées, comment un germe défectueux pourrait-il engendrer un être parfait entre le côlon impur, en grande partie constipé, et la vessie malsaine de la mère civilisée ? Et l'une des plus grandes tragédies de l'ignorance est celle de la femme enceinte qui ingurgite deux fois plus de « cadavres » en décomposition d'animaux tués des années auparavant dans les parcs à bestiaux de Chicago parce qu'on lui a conseillé de « manger pour deux » – elle-même et l'embryon en plein développement.

CONTRÔLE NATUREL DE LA SEXUALITÉ

« Rien ne dépasse la vérité ! Confesse tes péchés à ton propre cœur. » Voilà le paradoxe blasphématoire, la condition tragique (il n'est pas de mot assez fort) visant à stimuler continuellement une fonction par son application, s'attendant naïvement à trouver ainsi le bonheur et la santé, croyant que l'on peut supprimer ou contrôler cette fonction en prêchant la morale.

La nature ne vous écoute pas, mais vous devez écouter la nature si vous voulez être heureux. Nous sommes les produits de stimulations et non pas de vibrations d'amour naturelles, et cela finit par nous conduire à l'impuissance.

Les seuls moyens de soigner l'impuissance sont le jeûne et mon régime. Reportez-vous à la Leçon V. Le sexe fait partie de la vérité et il est même, pour ainsi dire, le baromètre de la régénération, du rajeunissement, de la jeunesse, de la santé et du bonheur.

J'ai assisté à la guérison de la stérilité féminine, et tous les patients qui ont sérieusement adopté mon système pour quelque maladie en ont été « rajeunis ».

Tous les êtres civilisés ignorent ce que sont les véritables « vibrations amoureuses » d'un corps dont la composition sanguine est pure et produit donc les courants électriques et l'électricité statique émis et reçus « sans fil » – par les cheveux. Consultez mon ouvrage, *Rational Fasting*, pour y lire ce que j'écris à propos des cheveux. La barbe d'un homme est un organe sexuel secondaire. Les hommes chauves et imberbes ne sont que des « seconds choix » au niveau sexuel. Référez-vous au livre des Juges, 16 : 13-18.

Si vous pouviez croire à quel point il est simple de contrôler sa sexualité par ce régime, vous délaisseriez immédiatement vos steaks et vos œufs.

La masturbation, les pollutions nocturnes, la prostitution, etc. disparaîtront toutes de la vie sexuelle de ceux qui vivent avec le régime sans mucus une fois que leur corps sera devenu propre et puissant.

À partir de cela, maintenir que les germes (une idée des experts modernes) nourrissent le cerveau humain (de substances riches en protéines) est absurde. L'amour est le plus grand des pouvoirs et, s'il est naturel, la plus haute des « nourritures invisibles » de l'infini pour l'âme et le corps.

Leçon XXIII

La sexualité
(2e partie)

MATERNITÉ ET EUGÉNISME

La maternité associée au régime sans mucus, avant, pendant et après la grossesse permet un développement vers une sainte pureté, semblable à celle de la Vierge, totalement différente d'un accouchement « ordinaire » de notre civilisation actuelle qui présente toujours un risque vital.

Si le corps de la femme est parfaitement nettoyé par ce régime, les règles disparaissent. Dans les écritures, cela est désigné par le terme significatif de « purification », et c'est exactement ce dont il s'agit ; le corps est pur et n'est plus pollué par le flot mensuel de sang impur et d'autres déchets. C'est la condition idéale d'une pureté intérieure qui rend possible l'« immaculée conception ». Lorsqu'on le voit à la lumière de ces révélations, tout le « mystère de la Vierge » est facile à comprendre.

Toutes mes patientes m'ont rapporté que leurs menstruations étaient devenues de moins en moins abondantes, puis qu'elles s'étaient interrompues durant deux, trois ou quatre mois et avaient finalement entièrement disparu, pour celles qui avaient suivi un processus parfait de purification durant leur régime.

Les migraines, maux de dents, nausées et autres maux associés à la grossesse disparaissent, et toutes les femmes qui sont devenues mères après avoir suivi le régime sans mucus m'ont témoigné de ces faits étonnants : un accouchement sans douleur, un lait très doux en quantités amplement suffisantes, des bébés qui ne pleurent jamais et sont beaucoup plus « propres » que les autres.

Il n'est pas conseillé de se lancer dans un changement de régime radical durant la grossesse ou l'allaitement ; il faut commencer au moins deux ou trois mois avant la conception.

« Manger pour deux » avec un régime spécial est inutile si le corps est propre. Les bébés sont de nos jours trop nourris, ce qui entraîne ces accouchements dangereux. Le seul changement raisonnable consiste à augmenter la consommation de sucres naturels tels les figues, raisins et raisins secs, dates, etc.

NOURRIR LE BÉBÉ

Si le lait maternel est insuffisant ou de mauvaise qualité, n'utilisez pas du lait de vache tel quel ; vous devrez le diluer d'au moins un tiers ou de moitié avec de l'eau et l'adoucir avec des lactoses ou du miel. Commencez dès que possible à donner au bébé une cuillère à café de bon jus de fruits (du jus de betterave cuite convient aussi très bien) et du miel dilué dans de l'eau entre les repas. Les bébés sont avides de sucre, ce qui prouve que les fructoses sont « l'essence » de toute diététique.

Ce que l'on considère habituellement comme un bébé bien nourri et d'apparence en bonne santé est en réalité, une accumulation de déchets et de lait en fermentation.

Que le bébé soit malade ou pas, dès que vous commencez à lui donner des jus et confitures de fruits, vous découvrirez grâce à ses éliminations que j'ai raison. Le changement doit se faire avec beaucoup de prudence. Les bébés et les enfants doivent passer par le même processus de nettoyage et de guérison que les adultes. Je pense qu'un bébé nourrit par le bon lait d'une mère suivant le régime sans mucus et sans aliments « spéciaux » protéinés grandira merveilleusement bien et, une fois le sevrage achevé, pourra être nourri exclusivement de pommes.

Comme je l'ai dit précédemment, si un changement de ce type est effectué dans le régime du bébé, il faut d'abord qu'il soit guéri – qu'il soit malade ou pas – purifié des déchets de sa « maladie latente ». C'est ce point que tout le monde se refuse à croire, à réaliser ou à comprendre.

Les sucres naturels sont nécessaires pour la croissance des enfants afin qu'ils bâtissent un squelette solide. Le calcium est également important (voir le tableau de Berg).

J'ai découvert à travers quelques cas en Europe que la personnalité, l'esprit en général de l'enfant qui grandit sont largement et positivement influencés par son régime, par la progression de la pureté dans son corps. Les « problèmes » dans l'éducation des enfants qui pourront vous être épargnés sont considérables. Plus de maladies infantiles !

Des milliers de mères, à travers leur suralimentation tuent à moitié leur enfant sans en avoir conscience avant sa naissance. Voilà donc la seule et véritable manière de combattre la mortalité infantile. *Il n'existe aucun devoir moral supérieur à celui de créer un être parfait.*

EUGÉNISME D'UNE RACE SUPÉRIEURE, SANS MALADIE

Si l'on fait une comparaison avec une plante, la « maternité » respecte la QUALITÉ de la terre ; la « paternité » représente la qualité de la graine – du germe.

Une terre relativement pauvre, presque stérile, mais des graines de qualité produisent une assez belle plante tandis que des graines *déficientes*, même plantées dans la meilleure terre, ne produisent RIEN.

Les éleveurs d'animaux, et tout particulièrement de chevaux, savent que les qualités d'un étalon pur-sang se transmettent de génération en génération, même au travers de mères « quelconques ». Voilà pourquoi l'héritage de qualités et de défauts (tels la tuberculose, par exemple) saute parfois une génération.

Bien entendu, ce problème est différent lorsque l'on a affaire à un corps sain suivant un régime naturel. Les docteurs et naturopathes ne croiront pas aux nouveaux principes et arguments que j'avance et affirme dans cet ouvrage. Ils raisonnent et voient les choses à travers les faits et l'expérience des corps encrassés qui vivent du régime destructeur de la civilisation.

Vous ne pouvez débattre des couleurs avec un aveugle de naissance. Vous ne pouvez utiliser les vieux arguments et l'ancienne physiologie pour démentir mes affirmations.

Dès lors que vous aurez personnellement expérimenté la vérité de mes enseignements sur votre propre corps, vous devrez les accepter et y croire.

Réalisez, s'il vous plaît, ce que cela signifie – LE JEÛNE SUPÉRIEUR – lorsqu'ils sont acceptés par les prophètes des anciennes croyances.

Durant plusieurs décennies, et encore aujourd'hui, la science de l'eugénisme a cru à la nécessité de croisements extérieurs. Elle les considère comme une nécessité absolue pour les animaux et les humains en s'appuyant sur les mauvais résultats qui se sont accumulés lors d'unions consanguines chez l'homme.

Ce n'est rien de moins que le problème du futur de la nation américaine : faut-il mélanger les races ou pas ? La réponse se trouve dans la race juive, seul exemple au monde qui prouve que la consanguinité est naturelle et parfaite. Si les mariages de parents proches échouent, c'est simplement car nous sommes trop dégénérés, en comparaison avec le peuple de leur ancêtre Abraham. Les croisements extérieurs sont une « stimulation » qui semble donner de bons résultats, mais cela ne dure qu'une ou deux générations puis la famille s'éteint.

Les familles royales européennes ont conservé des arbres généalogiques propres qui ont été efficaces jusqu'à ce qu'elles vivent dans le luxe moderne. Les familles nobles disparaissent rapidement car elles ne parviennent pas à poursuivre la lignée masculine. Le régime luxueux de notre époque qui a remplacé l'alimentation simple des siècles passés en est responsable. Les générations précédentes vivaient comme des agriculteurs (une vie plus naturelle). De nos jours, ils mènent la « grande vie » dans nos Sodome modernes ; rien d'étonnant qu'il en résulte cette dégénération fatale !

PRÉDÉTERMINATION DU SEXE

Je vais ici m'efforcer de vous expliquer comment produire un génie, et cela démontrera dans le même temps que la prédétermination du sexe s'appuie sur des principes plus élevés que le simple moment de la conception.

Encore et toujours, le régime est tout ; l'homme est ce qu'il mange ! Tous les génies, les grands hommes, les inventeurs et les plus grands artistes ne sont-ils pas tous issus de pauvres parentés ?

Pourquoi les naissances de garçons se sont-elle accrues durant la guerre ? Ils deviendront des hommes bons et intelligents. Les restrictions dans l'alimentation et les rapports sexuels, tout est là ! Plus le corps des deux parents est propre, moins leurs rapports sont fréquents, plus les quantités de bons aliments sont petites, plus les vibrations amoureuses augmentent, ces conditions donnent les meilleures chances de concevoir un génie, et forcément un garçon. Voici le meilleur exemple de cette vérité, que l'on dit être un fait historique :

Durant la Peste noire il y a plusieurs siècles, des jeunes gens se réfugièrent ensemble dans une maison aux abords de Florence, en Italie. Ils n'eurent rien à manger pendant des semaines, puis seulement de faibles quantités. Ils se marièrent et donnèrent naissance à la famille de Médicis, d'où furent issus les plus grands hommes d'État, artistes et scientifiques de toutes sortes de l'histoire de la civilisation moderne.

Nous savons que la vitalité émane d'un corps sans déchet plus facilement que d'un corps encombré par la nourriture ; c'est le jeûne supérieur et ses conditions indescriptibles. Mais les vibrations de l'amour sont encore plus difficiles à décrire – lorsque l'homme devient un être divin, comme il devait l'être à l'époque préhistorique, à l'époque de la diète édénique. Les émanations sexuelles magnétiques deviennent si merveilleuses que l'amour combiné à la gourmandise semble un crime.

Une tradition juive veut que les jeunes couples jeûnent le jour de leur mariage, mais elle n'est qu'une rémanence d'une règle d'hygiène de ce grand homme d'État qu'était Moïse – engendrer des génies à travers ces ondes supérieures d'amour de l'infini.

Voici le principe selon lequel la souche mâle, vivant de nourriture « propre », a l'opportunité de générer un autre être supérieur, sans maladie.

Tous ceux qui s'avancent un peu plus sur le chemin de la condition « édénique » de l'homme verront bientôt cette vérité. L'être humain était jadis un être supérieur et non une espèce de la famille des singes ! Nous ne sommes qu'une pâle copie de l'homme originel à cause de notre dégénérescence, mais vous pourrez cependant expérimenter ce que l'on ne peut décrire, que ce type d'eugénisme est la vérité fondamentale de l'évolution vers le « paradis sur Terre » !

Leçon XXIV

Renforcement de l'élimination à travers l'adaptation physique, l'exercice, les cures de soleil, les bains et lavements

Comme nous l'avons vu dans les précédentes leçons, tous les traitements physiques font vibrer – secouent – les tissus et stimulent ainsi la circulation d'une manière ou d'une autre dans le but, et avec pour conséquence, de libérer et éliminer les « corps étrangers », cause de toute maladie. Le corps humain le fait par lui-même, de la manière la plus parfaite, dès que vous jeûnez ou que votre composition sanguine a été transformée par le régime naturel.

Les traitements et la culture physique peuvent donc être associés avec ce régime et le jeûne pour renforcer et accélérer l'élimination. Cependant, je vous recommande une grande modération, tout particulièrement les « mauvais » jours – les jours où l'élimination est la plus forte. Si vous êtes fatigué et vous sentez mal, reposez-vous et dormez autant que vous le pouvez. Les jours où vous vous sentez « bien » durant un jeûne ou un régime strict, vous pourrez reprendre l'activité physique, telle que les exercices, les bains, les massages, la respiration profonde, etc.

Les exercices les plus naturels, et de loin les meilleurs, sont la marche, la danse et le chant ; ce dernier étant un exercice de respiration naturel et possédant l'avantage de libérer du mucus à travers les vibrations de la poitrine. Autre excellent « exercice » que tout le monde connaît, la randonnée en montagne, car l'ascension fait se développer la respiration de manière tout à fait naturelle, mieux et plus harmonieusement qu'avec un quelconque « système » ou exercice.

Plus vous serez purifié, plus vous comprendrez facilement ce que j'enseigne dans la Leçon V : que l'air et d'autres ingrédients de la forêt sont de la « nourriture » – une nourriture invisible.

Vous devez avoir les deux mains libres lorsque vous marchez afin de ne jamais entraver les mouvements naturels.

Le jardinage en extérieur est un autre exercice.

En prenant soin de votre corps, vous générez de la santé. Les exercices qui suivent sont destinés à ceux qui veulent se maintenir en forme. Je me dois de vous rappeler une fois encore que l'air est plus utile à la vie que la nourriture. Une respiration adaptée est donc essentielle. *Ne faites pas d'exercice dans une pièce fermée, mal ventilée.* Placez-vous devant une fenêtre ouverte. Prenez de grandes respirations profondes à chaque exercice. Inhalez par le nez et expirez par la bouche. Tenez-vous devant un miroir durant les exercices et admirez la souplesse et la grâce avec lesquelles vous effectuez chaque mouvement. Tombez amoureux de vous-même si les autres ne le font pas. Placez vos pieds à environ 40 cm l'un de l'autre, tenez-vous droit et utilisez votre tension musculaire.

Exercice 1

Debout, bien droit, les mains reposant sur le côté du corps, serrez fermement les poings. Levez lentement les bras au-dessus de la tête aussi haut que possible, en prenant une profonde inspiration. Relâchez en soufflant. Répétez cinq fois le mouvement.

Exercice 2

Levez les bras à hauteur de la poitrine. Serrez fermement vos mains et tirez vers la droite, en résistant avec la main gauche. Effectuez ensuite le même mouvement vers la gauche. Relâchez entre chaque mouvement, en soufflant. Répétez chaque exercice cinq fois.

Exercice 3

Serrez fermement votre main gauche avec la droite, les bras devant vous. En résistant avec la main gauche, soulevez votre bras avec la droite, en utilisant toute votre force pour lever les bras haut au-dessus de la tête. Inspirez profondément durant le mouvement ascendant et relâchez avant d'expirer. Recommencez en inversant les bras, cinq fois de chaque côté.

Exercice 4

Serrez vos mains au-dessus de votre tête, puis posez-les sur votre crâne. Penchez-vous fortement à droite, puis à gauche et ainsi de suite en alternance. Prenez une profonde inspiration entre chaque mouvement et expirez lorsque vous avez relâché. Cet exercice est tout particulièrement efficace pour stimuler le foie.

Exercice 5

Serrez vos mains derrière votre nuque, tous les muscles tendus. Pivotez vers la droite, puis vers la gauche cinq fois. Étirez ensuite vers la droite puis la gauche, cinq fois. Refaites le même mouvement en commençant par la gauche. Gardez les jambes immobiles, mais laissez se balancer le haut du corps.

Exercice 6

Nouez vos mains derrière votre dos et, sans vous pencher, levez les bras aussi haut que possible. Inspirez en les levant, relâchez puis expirez. Répétez cinq fois. Cet exercice sert à développer la poitrine.

Exercice 7

Placez votre main droite sur votre hanche, serrez le poing gauche et levez lentement le bras gauche, en inspirant profondément. Penchez dans le même temps le corps vers la droite aussi loin que possible. Vous devez ressentir de la douleur. Relâchez puis soufflez. Répétez le mouvement en inversant les côtés. Faites cet exercice cinq fois de chaque côté.

Exercice 8

Agrippez fermement vos mains à hauteur de votre poitrine, tous les muscles tendus, et pivotez vers la gauche, puis vers la droite, aussi loin que possible. Vos pieds ne doivent pas bouger. Inspirez durant le mouvement, puis relâchez et soufflez. Répétez chaque exercice cinq fois.

Exercice 9

Levez les bras aussi haut que possible au-dessus de la tête, en vous penchant même un peu vers l'arrière. Penchez-vous ensuite en avant sans plier les genoux et essayez de toucher le sol avec vos doigts. Relâchez puis expirez. Effectuez cet exercice lentement cinq fois et augmentez graduellement jusqu'à vingt fois.

Ne vous épuisez pas en faisant ces exercices.

Si vous vous sentez raide au départ, c'est la preuve que vous aviez besoin de ces exercices et qu'ils vous font du bien. Si vous persistez, la douleur disparaîtra bientôt. Vous pouvez y ajouter d'autres exercices, mais assurez-vous qu'ils permettent une respiration profonde. *Écoutez de la musique lorsque vous vous entraînez.* N'importe quelle marche dynamique fera l'affaire. Les vibrations de la musique sont merveilleuses. Il est préférable de s'entraîner le matin, dès le réveil. Si vous portez des vêtements, ils devront être amples. Commencez par quelques exercices seulement puis augmentez progressivement, mais surtout, ne les considérez pas comme une corvée, *amusez-vous.* Danser seul et vous assouplir en musique sera très bénéfique.

LES BAINS DE SOLEIL

Dès que vous en avez l'opportunité, prenez un bain de soleil. Les premiers temps, ne dépassez pas vingt à trente minutes et couvrez-vous la tête. Les « mauvais » jours – ceux où l'élimination est importante – restez au frais.

Plus vous serez nettoyé, plus vous apprécierez les bains de soleil et plus vous les prolongerez. Vous découvrirez aussi que vous supportez beaucoup mieux la chaleur. Il est bon de prendre une petite douche à l'eau fraîche ou de vous passer une serviette humide juste après un bain de soleil.

Le bain de soleil est un excellent éliminateur de déchets « invisibles » et il rajeunit la peau, la faisant devenir comme de la soie et la colorant d'un brun naturel. Les hommes civilisés de notre race prouvent par leur peau blanche qu'ils sont malades dès leur naissance ; ils héritent de globules blancs plein de mucus, le « signe de la mort ».

Les bains de soleil devant se prendre sans aucun vêtement, construisez un petit abri dans votre cour ou sur votre toit pour vous dissimuler aux regards indiscrets. Les vêtements de la civilisation ont empêché l'homme d'obtenir son quota d'air frais et de soleil qui lui apportent la puissance vitale et sont si nécessaires à sa santé et son bonheur. Les rayons du soleil sur la peau nue donnent l'électricité, l'énergie et la vitalité à la batterie de stockage humaine, restaurant sa vigueur, sa force et sa virilité.

LES LAVEMENTS

Durant la phase de transition, même si vos intestins travaillent, *il est conseillé de laver l'intérieur du côlon.* On doit faciliter les efforts de la nature qui tente d'expulser les déchets gluants, le mucus visqueux et les divers poisons. Après être allé à la selle, vous pouvez utiliser une petite poire pour enfants, mais pour un lavement efficace il vous faudra près de deux à trois litres d'eau.

Essayez de n'injecter l'eau qu'après être allé naturellement à la selle. Procédez en étant allongé sur le côté droit. Utilisez de l'eau tiède et non chaude, que vous pourrez tester sur votre coude. Si vous ressentez une quelconque gêne, arrêtez l'écoulement jusqu'à ce que celle-ci passe puisqu'il vous faudra injecter l'intégralité des deux ou trois litres à la fois. Si la douleur devient trop importante, laissez l'eau s'écouler du côlon puis répétez l'opération.

Conservez l'eau dans les intestins durant quinze à vingt minutes, ou aussi longtemps qu'il vous conviendra. Toujours allongé sur le côté, massez doucement le côlon ascendant avec des mouvements vers le haut. Allongez-vous ensuite sur le dos avec les genoux repliés et massez de la droite vers la gauche. Enfin, tournez-vous vers la gauche et massez ce côté avec des mouvements vers le bas. Vous devriez maintenant être prêt à expulser l'eau. Le meilleur moment pour un lavement se situe juste avant le coucher.

LES BAINS

L'avis des autorités diverge sur les bains autant que sur les régimes. Le régime sans mucus vous donnera « la peau que vous aimerez toucher » grâce au sang propre, sans l'aide de cosmétiques, lotions ou crèmes de beauté.

En temps normal, il n'est pas nécessaire de prendre un bain quotidien durant lequel on se frotte avec du savon.

Il est également déconseillé de faire chaque matin une « douche froide » à longueur d'année sans prendre en compte le climat. Il n'est nul besoin de faire délibérément subir au corps un choc violent qui apportera dans la majorité des cas plus de mal que de bien.

Il est inutile de dire que la peau doit être propre afin que les pores puissent fonctionner convenablement, et on peut pour cela procéder de la sorte : placez une bassine d'eau froide devant vous. Plongez les mains dans l'eau et frictionnez-vous rapidement en commençant par le visage. Mouillez à nouveau vos mains et faites de même avec le cou et les épaules. Passez ensuite à la poitrine et au ventre, puis aux bras et au dos et enfin aux jambes et aux pieds. Plongez directement vos pieds dans la bassine si vous le souhaitez. Humidifiez vos mains autant que nécessaire, mais il n'est pas utile d'éclabousser le corps. Si possible, séchez-vous en vous frottant avec vos mains nues durant cinq minutes, jusqu'à rosir, ou utilisez une serviette. Il est conseillé de le faire au lever, juste après les exercices. Vous serez surpris par les résultats. Si vous préférez le faire dans votre baignoire, alors faites-y couler environ 2,5 cm d'eau froide. Asseyez-vous dedans, genoux pliés et procédez de la manière décrite ci-dessus.

Souvenez-vous que les bains d'air sont aussi importants que ceux d'eau. Quelques minutes chaque jour devant une fenêtre ouverte au lever et au coucher, sans aucun vêtement et en vous frictionnant le corps, vous aideront à entretenir le fonctionnement naturel de votre peau.

Gardez toujours à l'esprit que les extrêmes de toutes sortes sont dangereux. Cela s'applique aux exercices, aux bains et au sommeil, tout comme à l'alimentation. Même les joies et bonheurs extrêmes peuvent tuer tout autant qu'une colère, qu'une haine ou qu'une anxiété extrêmes. C'est pourquoi vous devez ÉVITER LES EXTRÊMES DE TOUTES SORTES.

Leçon XXV

Message aux ehretistes

Mes chers amis :

Après avoir soigneusement et intelligemment étudié toutes les leçons précédentes, vous savez désormais que les maladies consistent en une masse inconnue, pourrie et fermentée de matières dans le corps humain, vieille de décennies – et tout particulièrement située dans les intestins et le côlon. Vous savez également à quel point il est malavisé et naïf de croire que savoir quoi manger suffit seul à constituer un régime curatif complet.

Aucune des autorités reconnues ne sait l'importance capitale d'un nettoyage total et profond de la « fosse d'aisance » humaine. Elles sont toutes plus ou moins « trompées » par la nature lorsqu'elles conseillent de manger des fruits alors que l'estomac et les intestins sont obstrués par le mucus et les aliments protéinés en décomposition consommés depuis l'enfance.

Vous connaissez le résultat : si ces poisons – le cyanure de potassium – sont dissous trop rapidement et peuvent entrer dans la circulation, de sérieux désagréments – et même la mort – peuvent survenir et l'on met alors en cause les aliments naturels de l'homme : oranges, raisins, dates, etc. !

Mes enseignements démontrent clairement que cette ignorance jusqu'alors inexpliquée au sujet du régime fruitarien est la « pierre d'achoppement » pour tous les autres experts en recherche alimentaire qui ont personnellement effectué des tests expérimentaux. J'ai entendu des milliers de fois cette même plainte – même de la part de personnes jeunes et supposément en bonne santé – « Je m'affaiblis ! » Et tous les experts en dehors de moi-même apportent cette réponse : « Oui, vous avez besoin de plus de protéines, mangez au moins des noix. »

J'ai rencontré le même problème durant mes propres essais et tenté de surmonter cette « pierre d'achoppement » des centaines de fois. Après une cure de deux ans en Italie pour guérir du mal de Bright avec des tendances tuberculeuses qui impliquaient des jeûnes et un régime sans mucus strict, je mangeai près d'un kilo du plus sucré des raisins et bus plus de deux litres de jus de raisin frais pressé à partir des meilleurs et des plus exceptionnels fruits qui poussaient dans la région. J'eus immédiatement l'impression que j'allais mourir ! Je fus saisi d'une terrible sensation, de palpitations, d'une faiblesse extrême qui m'obligea à m'allonger et de violentes douleurs de l'estomac et des intestins. Au bout de dix minutes survint un important événement : une diarrhée mousseuse pleine de mucus et des vomissements de jus de raisin mêlé à du mucus sentant l'acide. Puis vint un événement encore plus important : je me sentis si merveilleusement bien et fort que je fis immédiatement 326 flexions et extensions d'affilée. Toutes mes obstructions avaient disparu !

Pour la première fois dans l'histoire de l'humanité, j'avais démontré ce qu'était l'homme lorsqu'il vivait sans les aliments « cuits » – à l'époque préhistorique (que l'on nomme Éden) où il mangeait des fruits, les « nourritures célestes ».

Pour la première fois dans l'histoire, ce « démon » de la tragédie humaine avait été mis en lumière, ainsi que la manière dont il *pouvait* et *devait* être éliminé afin que l'homme puisse à nouveau s'élever vers une santé, un bonheur, une immunité à la maladie édéniques : un être « semblable à Dieu ».

Si le jardin d'Éden – le paradis sur Terre – a existé, ce fut certainement un « verger ». Pendant des milliers d'années, à cause d'une civilisation néfaste, l'homme est tombé dans le piège d'un suicide inconscient, a été réduit en esclavage afin de produire de mauvais aliments, en « gagnant son pain à la sueur de son front ». Les aliments non naturels provoquent maladies et mort.

La « paix sur Terre », le bonheur et la vertu demeurent pour le moment un rêve insensé. Durant des milliers d'années, Dieu, l'Éden, le paradis, mais aussi le péché, le démon et l'enfer ont rarement trouvé une explication qu'un esprit clair et raisonnable jugerait acceptable. Nos infortunés semblables considèrent Dieu comme un père bon et clément qui leur permettra d'entrer au paradis dans une autre vie, sans avoir été puni pour avoir violé les lois de la nature.

J'ai démontré pour la première fois dans l'histoire du monde que le régime édénique est non seulement possible – ce qui est déjà bien pour l'humanité dégénérée que nous sommes aujourd'hui – mais qu'il est une *nécessité absolue* et le premier pas pour s'affranchir réellement de la misère de la vie. Qu'il est la clé essentielle vers le paradis perdu où la maladie, l'inquiétude et la souffrance, la haine, les conflits et les meurtres étaient inconnus et où la mort n'existait pas, ou du moins pour des causes non naturelles.

« L'homme est ce qu'il mange », voici la plus grande et la plus juste des affirmations philosophiques.

Vous voyez certainement maintenant pourquoi la civilisation, toutes religions et toutes philosophies confondues, avec leur gigantesque sacrifice de travail, de temps, d'argent et d'énergie, n'est et n'a été partiellement que conjectures. La formule magique pour le « paradis sur Terre » – pour l'Éden – doit être comme suit :

« Croquez à pleines dents votre chemin vers le paradis. » Mais vous ne pourrez en franchir les portes, gardées par l'ange à l'épée flamboyante, tant que vous ne serez pas passé par le purgatoire (le feu purificateur) du jeûne et du régime curatif ; un nettoyage, une purification physiologique par la « flamme de vie » de votre corps ! Durant des milliers d'années, personne n'a échappé au tourment de la mort entraînée par une vie non naturelle et *vous aussi* aurez à l'affronter un jour.

Mais vous, moi, et tous ceux qui auront appris cette vérité de la vie, la plus grande et la plus importante, sommes les seuls à être de nos jours effectivement et non seulement par l'esprit, hors de la voie de l'obscurité et du suicide inconscient et dans la lumière de la nouvelle civilisation – celle de la régénération physique : la réalisation d'un progrès semblable à une révélation mentale et spirituelle à la lumière d'un monde supérieur, c'est-à-dire spirituel.

Voici une esquisse du sérieux de mon travail et de la nécessité de votre aide, votre plus grande réalisation étant de le porter. De cela dépendent non seulement votre destinée future, mais aussi celle d'une triste humanité qui souffre, au bord de l'effondrement physique et mental.

ARNOLD EHRET

BIOGRAPHIE D'ARNOLD EHRET

J'ai d'abord connu le Pr Ehret en tant qu'auteur, puis en tant que propriétaire d'un sanatorium et conférencier, et je lui porte désormais la plus haute estime en tant qu'ami et pionnier du système le plus complet, naturel et scientifique existant, ou *culte de la guérison et de la prévention des maladies*. J'affirme sans hésiter qu'il a créé et développé ce qui semble désormais le « fin du fin » en matière de santé et de longévité.

Arnold Ehret naquit près de Fribourg-en-Brisgau, dans le land du Bade-Wurtemberg, en Allemagne, et hérita de son père un penchant naturel, voire un désir extraordinaire, de plonger au cœur des causes et des raisons des événements. Son père lui légua ses célèbres talents pour soigner les animaux et les hommes sans avoir recours aux médicaments et à l'aide de remèdes naturels ; des solutions qui apparaissaient comme « miraculeuses ».

Alors qu'il étudiait à l'université, le long trajet à pieds combiné aux travaux de la ferme et à son régime presque exclusivement végétarien lui valut une crise de bronchite catarrhale sévère, qui ne l'empêcha cependant pas d'obtenir son diplôme avec les honneurs. Ses plus grands centres d'intérêt étant la physique, la chimie, le dessin et la peinture, il suivit un cursus spécial et obtint à 21 ans un diplôme de professeur de dessin pour les lycées et universités. Il enseigna à la faculté jusqu'à son service militaire, mais fut exempté au bout de neuf mois pour cause de « troubles cardiaques neurasthéniques » et renoua alors avec sa vocation d'enseignant. À 31 ans, même s'il semblait rondelet et bien portant, il souffrit de problèmes rénaux, le mal de Bright, avec une tendance à la dégénérescence tuberculeuse.

Voici ce qu'il dit : « Cinq fois, je pris des congés pour récupérer, mais on me déclara finalement "incurable" et je me résignai. Puis, durant cinq ans, je "souffris beaucoup aux mains de nombreux médecins" (24 en tout), en partie pour payer les factures s'élevant à près de 6 000 $, toujours avec pour unique résultat d'être déclaré "incurable". Au bord de l'épuisement physique et moral, j'ai pensé à me suicider, mais ayant par hasard entendu parler de la naturopathie, je fis trois cures au sanatorium de Kneipp, grâce auxquelles je trouvai du soulagement et le désir de vivre, sans pour autant être guéri. Je suivis également des traitements dans cinq ou six autres sanatoriums proposant le même genre de cures et essayai toutes les différentes méthodes connues en Europe, dépensant encore plus d'argent, sans me sentir plus malade, mais pas en meilleure santé non plus. Cette expérience m'apprit cependant quelque chose : mes principaux symptômes étaient du mucus ou du pus, de l'albumine dans les urines et une douleur aux reins. Les docteurs, pensant que des urines claires étaient un indicateur de bonne santé, tentèrent de faire cesser ces éliminations à l'aide de médicaments et de remplacer l'albumine manquante au moyen d'un régime à base de viande, d'œufs et de lait, mais ne firent qu'empirer ces résultats désastreux. Ces méthodes me permirent d'être véritablement *éclairé* sur le sujet : le bon régime devait être dépourvu de mucus et d'albumine. Mon traitement par naturopathie m'avait permis d'éliminer une partie du mucus par les bains, l'exercice, etc., mais je l'avais à nouveau avalé en suivant un régime inadapté.

Je décidai de faire face à ce qui me semblait une tragédie (comme à la plupart des personnes souffrant de maladies chroniques qui ne peuvent être soulagées par les médecins) et testai sur moi-même ce que j'avais appris de mes expériences passées : une mauvaise alimentation était la *cause* de la maladie et une bonne alimentation *pourrait* être le remède. Il existait le végétarisme, des régimes à base de fruits et de noix, de nombreuses "cures" reposant sur l'alimentation et quelques indices indiquant que le jeûne pourrait être bénéfique. Je me rendis à Berlin pour étudier le végétarisme et à l'époque il y avait une vingtaine de restaurants s'y consacrant dans la ville. J'observai tout d'abord que les végétariens ne semblaient pas tellement en meilleure santé que les consommateurs de viande, puisque beaucoup d'entre eux étaient blafards. Avec un régime comprenant des féculents et du lait, mon état s'aggrava progressivement, mais je démarrai cependant un cycle d'études en médecine, physiologie et chimie à l'université. Je visitai une école de naturopathie, m'instruisis sur la guérison mentale, la science chrétienne, le magnétisme, etc., afin d'*essayer* de trouver les vérités fondamentales de la santé parfaite. Je fus plus ou moins déçu et me rendis ensuite à Nice, où je testai un régime fruitarien radical, ne m'autorisant qu'un demi-litre de lait par jour, puisque je pensais alors avoir besoin d'albumine. Je n'adaptai pas particulièrement le régime fruitarien à mon état de santé, tout comme beaucoup d'autres, et n'en tirai que très peu de bénéfices. Il y avait des jours où je me sentais bien et d'autres très mal et je décidai donc bientôt de rentrer chez moi et de revenir à la prétendue "bonne alimentation" que consommaient et me conseillaient des amis, connaissances et médecins bien intentionnés. J'avais acquis quelques connaissances sur le jeûne, mais mes proches y étaient opposés et même mon ancien naturopathe avait dit à ma sœur que, pour une personne souffrant de la maladie de Bright, un jeûne de quelques jours pourrait s'avérer fatal.

L'hiver suivant, je partis pour Alger, en Afrique du Nord. Le climat doux et les fruits merveilleux améliorèrent mon état ; ma foi ainsi que ma compréhension des méthodes naturelles en furent renforcées. Je trouvai le courage d'essayer de courtes périodes de jeûne afin d'accentuer les effets purifiants des fruits et du climat et, un matin que je me sentais bien, je pus constater que mon visage avait totalement changé d'aspect, me faisant paraître plus jeune et en bonne santé. Cependant, quelques jours plus tard, je me vis de nouveau vieux et maladif ; malgré tout, cela ne dura pas et je ressentis ces changements successifs dans mon apparence comme une "révélation" de la nature qui me témoignait que j'avais en partie découvert ses méthodes et étais sur la bonne voie ; je résolus de les étudier davantage et de les suivre de plus près à l'avenir.

Une sensation indescriptible que je n'avais jamais connue auparavant, d'une santé améliorée, d'une énergie vitale accrue, d'une plus grande efficacité et d'une force et endurance supérieures, m'envahit et me procura une grande joie et le simple bonheur d'être en vie. Ce n'était pas qu'une question de physique : je ressentis également un important changement dans ma faculté à percevoir, à me souvenir, plus de courage et d'espoir et j'eus, par-dessus tout, un aperçu de la spiritualité qui fut comme une aurore éclairant toutes les autres questions spirituelles et philosophiques. Toutes mes facultés s'en trouvèrent aiguisées, dépassant largement ce qu'elles avaient été du temps de ma jeunesse et de ma santé. Mes capacités physiques et mon endurance augmentèrent incroyablement. Je fis un itinéraire à vélo d'environ 1 300 km reliant Alger à Tunis, en compagnie d'un ami cycliste qui avait une alimentation traditionnelle. Je n'étais jamais à la traîne, et même souvent devant lui en fin de journée, lorsque l'endurance entrait en jeu. N'oubliez pas que les médecins m'avaient condamné quelque temps plus tôt, et je ressentais une joie constante et l'euphorie d'avoir échappé à la "boucherie" humaine que l'on nomme une "clinique médicale scientifique".

De retour chez moi, je démontrai que mon habilité et mon endurance dans les plus pénibles des travaux de la ferme et dans des tests de force étaient supérieures à celle d'hommes bien entraînés suivant un régime traditionnel ; j'étais cependant entouré d'amis et de proches qui vivaient avec une alimentation ordinaire, et de médecins qui craignaient que mes découvertes ne reposent sur de véritables principes risquant de surpasser et de supplanter les leurs. Peu à peu, je me remis à manger normalement. Le jeûne était alors très impopulaire et, vivant chez ma sœur qui menaçait de tout faire pour s'y opposer si j'en tentais un, je ne pus suivre les idées – auxquelles je croyais fermement et que mon expérience m'avait démontrées – selon lesquelles le jeûne (ou le simple fait de manger moins) était la méthode toute-puissante de la nature pour purifier le corps des effets d'une alimentation trop riche et inadaptée. J'avais également découvert qu'il s'agissait là du "sésame" vers l'évolution mentale et spirituelle. Je n'avais pas négligé l'étude du *pourquoi* les fruits et aliments sans mucus étaient si efficaces et j'avais découvert qu'ils produisaient durant le processus de digestion ce que l'on nomme glucose et que les spécialistes appellent "hydrate de carbone". Mon expérience, mes tests et essais ainsi que mes cures prouvaient tous que le glucose ou les fruits étaient l'élément essentiel de l'alimentation humaine, celui qui offrait le plus d'efficacité et d'endurance et qui permettait à la fois d'éliminer au mieux les déchets et de soigner au mieux le corps humain.

Cela s'avérait en contradiction directe avec la théorie de l'albumine-azotée défendue par les médecins et scientifiques, ainsi qu'avec celle, plus récente, des "sels minéraux". En 1909, j'écrivis un article dénonçant la théorie métabolique et j'appris en 1912 que le Dr Thomas Powell, de Los Angeles, avait fait la même découverte et proposait de formidables cures dans lesquelles il utilisait des aliments contenant ce qu'il nommait du "carbone organique", en fait l'ingrédient qui se transforme en glucose durant la digestion. Cet embryon de découverte et mes propres expériences en tête, je quittai mes proches et amis dont la bonté bien intentionnée aurait fini par me coûter des années de vie et partis pour le sud de la France, accompagné par un jeune homme qui, convaincu par mon expérience, voulait tester avec moi mon régime expérimental et le jeûne afin de remédier à ses maux et, en premier lieu, à son bégaiement. Durant plusieurs mois d'essais, je renouvelai mes expériences africaines et renforçai plus que jamais ma croyance que les fruits et le jeûne étaient les méthodes infaillibles de la nature pour recouvrer et conserver une meilleure santé que celle du commun des hommes civilisés.

On qualifiait souvent les résultats obtenus de miraculeux, mais ils n'avaient de merveilleux que leur rareté. Les connaissances que j'avais acquises concernant les formidables méthodes par lesquelles la nature nettoyait les impuretés apportées par la mauvaise alimentation, puis régénérait, réparait et renforçait le corps grâce à la *bonne* alimentation, étaient certes merveilleuses, mais non miraculeuses.

Les résultats sur le jeune homme – de dix ans mon cadet – étaient remarquables. Nous fîmes des tests avec tous les aliments traditionnels du monde civilisé après nos jeûnes dépuratifs. Nos organes à la sensibilité accrue se révoltaient immédiatement contre leurs éléments indésirables et tout particulièrement contre leur mélange, nous apportant la preuve la plus irréfutable que la cuisine moderne, avec ses mixtures dont on ignore les propriétés, était la cause fondamentale de toute maladie. Il est impossible de connaître ce qu'est l'alimentation et quels sont ses effets tant que le corps n'a pas été purifié par la méthode de la nature elle-même, le jeûne. Je n'ai jamais eu connaissance de quiconque ayant réalisé cette expérience et les faits que j'énonce m'ont été si abondamment prouvés au cours de nombreuses années d'une pratique ardue et minutieuse que mes connaissances effacent tous les doutes et arguments avancés par les autres en matière de diététique.

Afin de tester notre résistance à l'effort physique, nous voyageâmes à travers l'Italie du Nord, marchant continuellement durant cinquante-six heures sans nous arrêter pour dormir, nous reposer ou manger, mais simplement pour boire. Et ce après sept jours de jeûne et un unique repas composé de 900 grammes de cerises. Cette expérience était qualifiée d'étonnante par les professionnels. D'où notre énergie provenait-elle ? De l'azote, de l'albumine, des sels organiques, des graisses, des vitamines ou d'ailleurs ? Après seize heures de marche, je fis une série de 360 flexions/extensions des jambes et des bras en quelques minutes et plus tard de nombreux autres tests de force contre des sportifs, obtenant chaque fois de meilleurs résultats qu'eux. Alors que j'avais été déclaré incurable et que mon père et mon frère étaient morts de phtisie. Durant notre voyage en Italie, nous fîmes souvent l'objet de commentaires intéressants de la part de femmes au sujet de notre teint vermeil et respirant la santé, et de questions sur la manière dont nous l'avions obtenu, etc. J'étais un homme totalement transformé et désirais faire de nouvelles expériences, non seulement physiques, mais également mentales et spirituelles. Il en allait de même pour mon jeune compagnon. Il était en bien meilleure santé sous de nombreux aspects, mais son bégaiement ne s'était pas amélioré. J'avais dans l'idée que même cela était causé par un encombrement physique lié à des déchets. Nous nous rendîmes dans un endroit isolé sur l'île de Capri. Nous y fîmes des jeûnes plus longs et prîmes des bains de soleil quotidiens pendant quatre à six heures par forte chaleur. Nous étions si purifiés que nous ne transpirions pas. Au bout de dix-huit jours, il fut très enroué et craignant de perdre la voix – ne sachant pas alors quelle en était la cause – il mit un terme à sa diète en mangeant selon mes indications environ 1,5 kg de figues : durant près d'une heure, il élimina une très grande quantité de mucus de sa gorge, et le reste de son corps fut également nettoyé. Sa voix lui revint aussitôt et son bégaiement disparut pour ne plus jamais revenir. Nous avions accompli ce que son père, un homme fortuné, avait tenté de réaliser en vain en lui faisant suivre presque tous les traitements connus sans obtenir la moindre amélioration durable.

Le *jeûne*, remède suprême de la nature, a été pratiqué si grossièrement et si largement mal compris qu'il est *très* important de l'expliquer convenablement. Ayant moi-même une longue expérience du jeûne et du régime sans mucus et ayant planifié des jeûnes pour des centaines de personnes dans mon sanatorium en Suisse pendant plus de dix ans, je peux affirmer avec certitude ses bienfaits et sa merveilleuse efficacité lorsqu'il est mené convenablement. Mes premières expériences ont donné des résultats si positifs que j'ai voulu perfectionner et vérifier les méthodes employées, et j'ai donc poursuivi mes observations à toutes les étapes de la vie. J'ai conduit des expériences très nombreuses et approfondies et, avec mon jeune ami qui était alors totalement rétabli, nous entamâmes un long voyage. Tout d'abord dans le sud de l'Italie, allant à pied et nous nourrissant presque exclusivement de raisin ; puis nous prîmes le bateau vers l'Égypte, la Palestine, la Turquie, la Roumanie et chez nous, l'Autriche. Durant ce périple, nous apprîmes beaucoup sur l'alimentation, les coutumes, la mentalité et l'état de santé des différents peuples, tout particulièrement en Orient, ce qui ébranla sévèrement ma croyance en la supériorité de la civilisation européenne et renforça ma conviction que j'étais sur la bonne voie pour découvrir une bien meilleure santé, un plus grand développement mental et une vie plus longue et plus active.

En Égypte, nous découvrîmes un peuple à la force et à l'endurance extraordinaires vivant principalement d'un maigre régime végétarien, mais avec deux habitudes que l'on considère généralement comme néfastes : ils fumaient des cigarettes et buvaient du café fort. Cependant, nous ne vîmes aucune personne souffrant de nervosité ou de toxémie. L'une des raisons de la supériorité de la civilisation de l'Égypte antique semble apparaître clairement lorsque l'on constate le peu de diversité et la frugalité de l'alimentation des Égyptiens, et que l'on sait qu'ils consomment quasiment la même nourriture que leurs ancêtres.

Nous demeurâmes plusieurs mois en Palestine, étudiant les coutumes locales, les archives et l'histoire des conditions de vie passées, ce qui modifia fortement ma conception du sens réel des textes du Nouveau Testament. Je découvris que la vie et les enseignements du Christ étaient en parfait accord avec les lois naturelles que nous connaissons maintenant bien, ce qui lui conférait une santé et une intelligence supérieures ; cependant, les textes de la tradition orale rédigés cent cinquante ans plus tard avaient été teintés de formes idiomatiques et de métaphores orientales, ainsi que de leur connaissance incomplète des phénomènes naturels. On prenait le merveilleux pour du miraculeux. Ses "présages", son jeûne, son régime, sa façon de vivre et celle de ses disciples, tout est signe d'une vie naturelle qui l'amena à une santé supérieure sans besoin de l'assistance divine. Il le confirma en déclarant que les générations futures "accompliraient des choses plus grandes que lui" puisqu'elles auraient une meilleure connaissance des lois et méthodes "immuables" de la nature – de Dieu. Mon "ouvrage à venir" établira, avec des preuves convaincantes, que l'origine du Christ, ses soi-disant miracles de guérison et ses apparentes modifications des lois naturelles, sa résurrection et sa montée au "ciel" étaient en accord avec les lois naturelles, mais que ces dernières n'étaient pas alors, et ne sont pas encore pleinement, comprises. L'ignorance des lois sous-jacentes à une santé normale est, au siècle où nous vivons, bien plus grande encore qu'elle ne l'a été durant les précédents et on peut clairement la voir dans la dégradation de ceux que l'on nomme les peuples civilisés sur le plan de la santé, bien qu'ils soient très avancés dans d'autres domaines. Ce que j'ai appris lors de mes recherches et expériences et la possibilité de ramener l'humanité à un état de santé supérieur revient à ouvrir le livre des Sept Sceaux. Éclairer la vie du Christ d'un jour scientifique et naturel, et donc éternel et réellement divin, identique à celui de notre propre nature, est une inspiration et une aspiration dont profitent désormais un grand nombre de gens et que personne ne devrait ignorer.

Les autres pays que nous visitâmes nous révélèrent certaines phases et certains faits des principes de santé naturels ; je les adoptai avec plus de confiance et d'enthousiasme que jamais, car mes expériences sur le jeûne et l'amélioration de mon régime m'avaient conduit à une santé parfaite. Je ressentis instinctivement et prouvai rapidement que certains aliments naturels, préparés de la bonne manière, produisaient plus d'énergie, de puissance et possédaient de plus grandes vertus dépuratives lorsqu'ils étaient correctement utilisés, en lien avec une abstinence intelligente de toute nourriture, pour la prévention et la guérison de maladies de toutes sortes. Lorsqu'on les utilisait pour chaque individu en accord avec son encombrement des déchets – et non pas de germes – et son âge, ses occupations, le climat, la saison de l'année, etc., même les maladies soi-disant incurables reculaient de manière uniforme et ordonnée et, si l'encombrement lié à l'âge et aux habitudes n'était pas trop important, étaient guéries de façon certaine. Ingurgiter moins d'aliments et de la *bonne* sorte pour se préparer à des jeûnes plus ou moins longs selon les cas permet aux organes digestifs de se reposer, leur offre des "vacances" après une surcharge de travail et, lorsque l'on se remet à manger une sélection de *bons* aliments (et cela est *très important*), les résultats sont incroyablement surprenants et bénéfiques. Je jeûnai durant vingt-quatre jours avec des résultats tellement merveilleusement agréables, non seulement sur ma condition physique, mais également pour mon mental et mes aspirations spirituelles, que cela fit croître mon envie de révéler à mes amis et aux autres mes découvertes, mes expériences et mes conclusions. Je ne pouvais décrire mes sensations, mais leur conseillai d'essayer par eux-mêmes, ce que certains firent immédiatement. Je commençai mon travail d'éducation par des jeûnes publics et des conférences, jeûnant deux fois dans de grandes villes allemandes, deux fois en Suisse. J'étais enfermé dans une pièce par un notaire et strictement observé et contrôlé par des médecins, sans moyen de communication avec l'extérieur. Je fis un jeûne de 21 jours, un de 24, un de 32, un de 49 à Cologne, le tout durant une période de quatorze mois. Entre ces jeûnes et après, je donnais des conférences et passais des tests de capacité mentale et physique, afin de prouver la valeur de ce que j'avais découvert et expérimenté, ce qui m'obligea à l'enseigner à d'autres et à les guider, à écrire des articles et à créer mon sanatorium en Suisse, ainsi qu'à donner des conseils par correspondance.

J'écrivis mon premier article après mon jeûne de quarante-neuf jours à Cologne et le publiai dans un magazine végétarien, proposant une nouvelle expérience du jeûne, des régimes et de la guérison des maladies et, en réalité, de la vie elle-même, de la manière de l'apprécier et de la prolonger. Cela eut un effet sensationnel et révolutionnaire. Je reçus des lettres du monde entier, d'Europe en particulier, de gens voulant retrouver la santé, de réformateurs et médecins immédiatement divisés en deux groupes : les opposants et les partisans enthousiastes. Ces écrits donnèrent naissance à une controverse scientifique, un conflit à propos des nouveaux principes que j'avais fait connaître et, en Europe, les deux groupes furent baptisés “ehretistes” et “non ehretistes”.

La *vérité* des ehretistes fut parfaitement décrite par un important éditeur et réformateur comme suit : “Il (Ehret) n'est ni l'inventeur ni le créateur du jeûne, ni du régime amélioré ni de la consommation de fruits, car ces techniques sont bien connues et utilisées depuis longtemps par la naturopathie, mais il est à l'origine d'un tout nouveau système les combinant pour en faire une méthode de guérison qui s'appuie sur une nutrition parfaite et le jeûne.”

Ma théorie du mucus – qui a été démontrée par la suite – en tant que cause fondamentale de toutes les maladies, commença à être de plus en plus reconnue et, par conséquent, mon système de guérison également. Elle avait franchi les tests et rencontré ce qu'un auteur avait qualifié d'"énorme succès" et l'on dit aujourd'hui que : *Le traitement et régime naturel est le* système de guérison *le meilleur et plus efficace* connu. Son nom lui a été donné automatiquement : "nutrithérapie" et le "culte" qu'elle a engendré est nommé "naturopathie". Durant plus de dix ans, j'ai écrit des magazines spécialisés, donné des conférences dans les grandes villes européennes, discuté des mérites de mon système avec des médecins et professionnels de santé et traité des centaines de patients dans mon "sanatorium des fruits et du jeûne" et par correspondance ; et ce sans changer les principes fondamentaux, mais en les renforçant grâce à des connaissances plus poussées afin de les appliquer avec de meilleurs résultats. Naquit alors ce qui commence à se faire connaître dans ce pays : l'appellation "régime sans mucus". Je suis arrivé ici juste avant la guerre afin de visiter la Panama Exposition et d'observer les fruits locaux, tout particulièrement ceux de Californie ; que la guerre m'ait contraint à rester semble avoir été providentiel, puisque j'ai découvert les auteurs d'avancées, de trouvailles et d'expériences similaires et nous plaidons et faisons connaître ces mêmes principes qui ont rencontré un tel succès en Europe. Ils permettent de soulager ceux qui souffrent et de prévenir les pathologies, afin de constituer une race plus performante qui ne connaîtra plus la maladie et de bâtir une civilisation meilleure. »

Alors que j'édite le travail d'une vie du Pr Ehret, je suis heureux d'ajouter que les découvertes faites ici par le Dr Thomas Powell que j'ai assisté, et auxquelles j'ai contribué, avaient été intuitivement avancées par le Pr Ehret, puis prouvées par ses résultats et plus tard encore par l'analyse des aliments du chimiste Hensel qui a corroboré la théorie selon laquelle les fruits et légumes possèdent des éléments supérieurs à ceux de n'importe quel autre aliment pour la production d'énergie vitale, à la fois en termes de quantité et de qualité. Ces éléments ou ingrédients sont appelés « carbone organique » ou « glucose ». Leur présence en quantités suffisantes réfute l'idée désormais couramment répandue que les sels organiques, minéraux ou des tissus sont les éléments énergétiques. Ils n'existent qu'en quantités infinitésimales dans les aliments et certains d'entre eux sont des drogues. Le nombre de calories n'est pas non plus une base raisonnable pour établir un régime adapté. Plus de quarante ans d'observations, d'expériences et de recherches m'ont prouvé que les fruits et légumes contiennent les sels des tissus nécessaires et que la présence d'ingrédients bien connus en quantité suffisante est l'élément vecteur d'énergie et de vie qui les rend supérieurs à tout autre aliment lorsque les déchets (le mucus) des aliments riches en mucus sont éliminés. C'est alors que l'on peut pleinement apprécier les effets bénéfiques du « régime sans mucus ».

P^R B. W. CHILD

Tiré de NATUROPATH MAGAZINE, par le Dr Benedict Lust

Le 8 octobre 1922, le Pr Ehret tint l'une de ses plus célèbres conférences à Los Angeles. Plus d'une centaine de personnes ne purent obtenir de place et on dut leur refuser l'entrée (les lois de Los Angeles interdisant que l'on se tienne debout dans les allées). Ceux d'entre nous qui purent entendre ces mots inspirés et prophétiques n'oublieront jamais son plaidoyer passionné et émouvant à l'humanité, prononcé avec toute la détermination qui était sienne et qui exprimait sa dévotion altruiste et son désir ardent d'aider ses semblables qui souffrent.

En quittant la salle de conférence, le Pr Ehret se hâta de rejoindre la gare pour prendre le train qui le ramènerait chez lui dans la banlieue de Los Angeles. Il portait une paire de chaussures neuves pour la première fois. La rue était mal éclairée. En descendant d'un trottoir, il perdit l'équilibre, bascula en arrière et sa tête heurta les pavés du rebord. Il rendit son dernier souffle quelques minutes après sa chute, n'ayant jamais repris conscience. Son autopsie révéla une fracture de la base du crâne.

Des centaines de gens originaires des quatre coins du monde civilisé pleurent désormais la perte de leur professeur et ami. Les larmes versées sont authentiques et sincères tant il a su gagner l'amitié de nombreuses personnes.

TABLE DES MATIÈRES

Aux lecteurs de Macro Éditions

Ce livre est publié dans la collection
« Nouvelles Pistes Thérapeutiques »
« La Santé en poche » de *Macro Éditions.*
Il est également disponible en version e-book
sur le site www.macroeditions.com

À vous tous qui recherchez de nouvelles techniques pour mieux vivre et ressentir un bien-être plus profond...
À vous tous qui désirez réaliser vos rêves...
À vous tous qui êtes ouverts à l'innovation, prêts à remettre en question vos convictions et à changer vos habitudes les plus ancrées...

... *Macro Éditions* dédie ses livres.

Macro Éditions traite sans tabous les sujets au cœur de l'actualité, tous ceux qui correspondent à vos attentes : spiritualité ; métamorphose du « soi » ; santé du corps, de l'âme et de l'esprit ; nouvelle science et sagesse antique. Vous trouverez l'art de guérir et sa multiplicité de moyens.
Et cela grâce à l'enseignement des plus grands maîtres dont notre maison d'édition se fait le porte-parole.

Venez découvrir notre catalogue complet sur notre site
www.macroeditions.com

Disponible dans l'App Store

Grâce à cette application gratuite, vous aurez toujours à portée de main le catalogue complet de *Macro Éditions* et recevrez les mises à jour de nos nouveautés

Renseignements à :
info@macroeditions.com

Notice bibliographique

Le système de guérison du régime sans mucus. / Cesena - Italie : *Macro Éditions*, 2013.
320 p. ; 17 cm (Nouvelles Pistes Thérapeutiques)
Titre original : *Mucusless Diet Healing System: Scientific Method of Eating Your Way to Health,* Arnold Ehret
Traduction de Orsola Gelpi
ISBN 978-88-6229-446-1